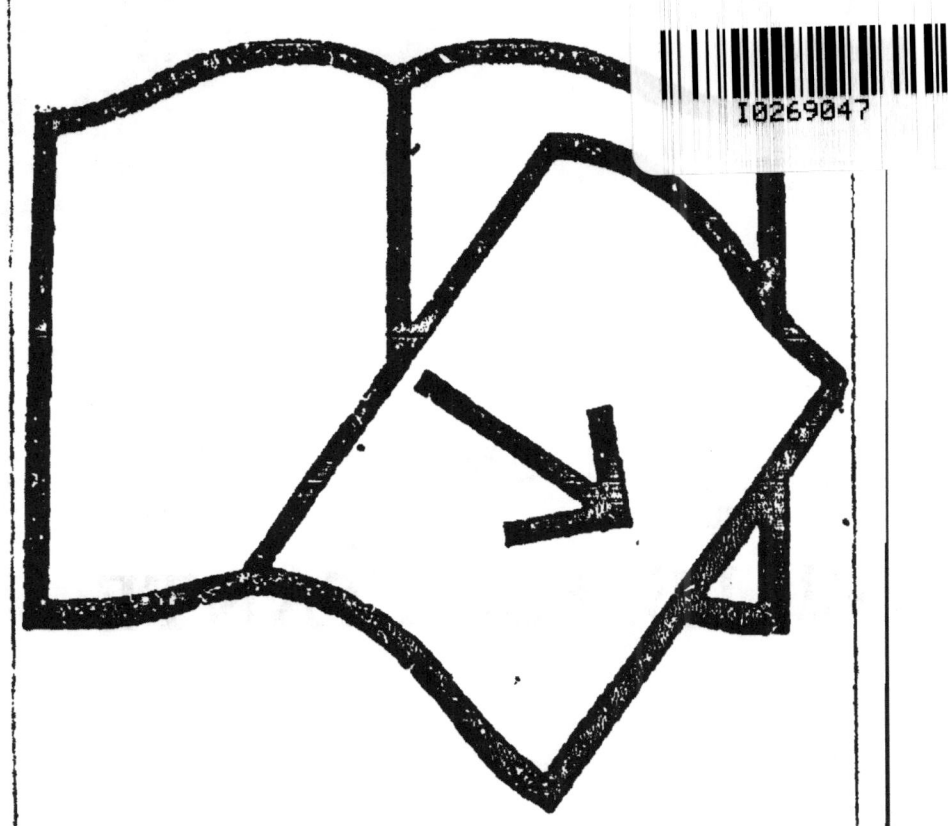

Couvertures supérieure et inférieure manquantes

UNE
VILLE FLOTTANTE

OUVRAGES DU MÊME AUTEUR
VOLUMES IN-18 A 3 FR.

AVENTURES DU CAPITAINE HATTERAS, 23ᵉ édition	2 vol.
LES ENFANTS DU CAPITAINE GRANT, 22ᵉ édition	3 vol.
AVENTURES DE TROIS RUSSES ET DE TROIS ANGLAIS, 21ᵉ édition	1 vol.
DE LA TERRE A LA LUNE, 27ᵉ édition	1 vol.
AUTOUR DE LA LUNE, 23ᵉ édition	1 vol.
CINQ SEMAINES EN BALLON, 34ᵉ édition	1 vol.
DÉCOUVERTE DE LA TERRE, 15ᵉ édit.	2 vol.
LES GRANDS NAVIGATEURS DU XVIIIᵉ SIÈCLE, 6ᵉ édit	2 vol.
LES VOYAGEURS DU XIXᵉ SIÈCLE, 4ᵉ édition	2 vol.
UNE VILLE FLOTTANTE, suivie des FORCEURS DE BLOCUS, 22ᵉ éd.	1 vol.
VINGT MILLE LIEUES SOUS LES MERS, 26ᵉ édition	2 vol.
VOYAGE AU CENTRE DE LA TERRE, 28ᵉ édition	1 vol.
LE PAYS DES FOURRURES, 19ᵉ édition	2 vol.
LE TOUR DU MONDE EN 80 JOURS, 70ᵉ édition	1 vol.
LE DOCTEUR OX, 22ᵉ édition	1 vol.
L'ILE MYSTÉRIEUSE, 28ᵉ édition	3 vol.
LE CHANCELLOR, 22ᵉ édition	1 vol.
MICHEL STROGOFF, 28ᵉ édition	2 vol.
LES INDES-NOIRES, 23ᵉ édition	1 vol.
HECTOR SERVADAC, 20ᵉ édition	2 vol.
UN CAPITAINE DE QUINZE ANS, 17ᵉ édit.	2 vol.
LES 500 MILLIONS DE LA BÉGUM, 16ᵉ édition	1 vol.
LES TRIBULATIONS D'UN CHINOIS EN CHINE, 10ᵉ édition	1 vol.
LA MAISON A VAPEUR, 13ᵉ édition	2 vol.
LA JANGADA, 11ᵉ édition	2 vol.
KÉRABAN-LE-TÊTU, 10ᵉ édition	3 vol.
UN NEVEU D'AMÉRIQUE, comédie. Prix	1 fr. 50

VOLUMES IN-8 ILLUSTRÉS

AVENTURES DU CAPITAINE HATTERAS. Prix : broché	9 fr.
CINQ SEMAINES EN BALLON	5 »
VOYAGE AU CENTRE DE LA TERRE	5 »
Ces deux ouvrages réunis en un seul volume	9 »
DE LA TERRE A LA LUNE	5 »
AUTOUR DE LA LUNE	5 »
Ces deux ouvrages réunis en un seul volume	9 »
UNE VILLE FLOTTANTE, suivie des FORCEURS DE BLOCUS	5 »
AVENTURES DE TROIS RUSSES ET DE TROIS ANGLAIS	5 »
Ces deux ouvrages réunis en un seul volume	9 »
VINGT MILLE LIEUES SOUS LES MERS	9 »
LE PAYS DES FOURRURES	9 »
LE TOUR DU MONDE EN 80 JOURS	5 »
LE DOCTEUR OX	5 »
Ces deux ouvrages réunis en un seul volume	9 »
LES ENFANTS DU CAPITAINE GRANT	10 »
L'ILE MYSTÉRIEUSE	10 »
LE CHANCELLOR	5 »
LES INDES-NOIRES	5 »
Ces deux ouvrages réunis en un seul volume	9 »
MICHEL STROGOFF	9 »
HECTOR SERVADAC	9 »
UN CAPITAINE DE QUINZE ANS	9 »
DÉCOUVERTE DE LA TERRE	7 »
LES 500 MILLIONS DE LA BÉGUM	5 »
LES TRIBULATIONS D'UN CHINOIS EN CHINE	5 »
Ces deux ouvrages réunis en un seul volume	9 »
LES GRANDS NAVIGATEURS DU XVIIIᵉ SIÈCLE	7 »
LES VOYAGEURS DU XIXᵉ SIÈCLE	7 »
LA MAISON A VAPEUR	9 »
LA JANGADA	9 »
KÉRABAN-LE-TÊTU	9 »
GÉOGRAPHIE ILLUSTRÉE DE LA FRANCE, par Jules VERNE et Théophile LAVALLÉE	20 »

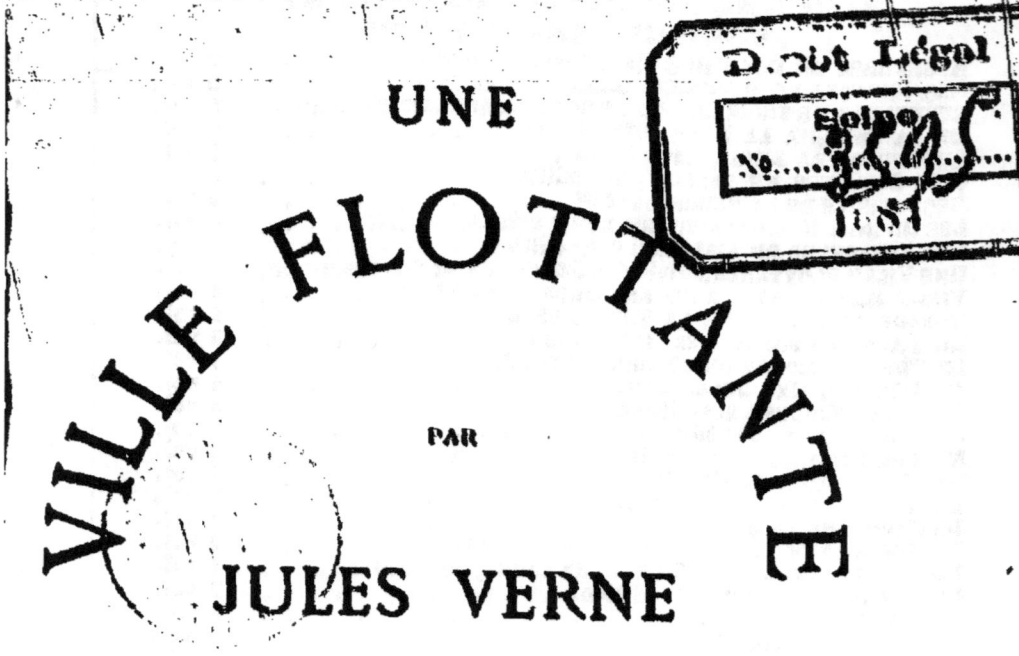

UNE VILLE FLOTTANTE

PAR

JULES VERNE

Auteur des Voyages extraordinaires couronnés par l'Académie française

SUIVIE DES FORCEURS DE BLOCUS

VINGTIÈME ÉDITION

BIBLIOTHÈQUE
L'ÉDUCATION ET DE RÉCRÉATION
J. HETZEL ET Cⁱᵉ, 18, RUE JACOB
PARIS

Tous droits de traduction et de reproduction réservés

UNE VILLE FLOTTANTE

I

Le 18 mars 1867, j'arrivais à Liverpool. Le *Great-Eastern* devait partir quelques jours après pour New-York, et je venais prendre passage à son bord. Voyage d'amateur, rien de plus. Une traversée de l'Atlantique sur ce gigantesque bateau me tentait. Par occasion, je comptais visiter le North-Amérique, mais accessoirement. Le *Great-Eastern* d'abord. Le pays célébré par Cooper ensuite. En effet, ce steam-ship est un chef-d'œuvre de construction navale. C'est plus qu'un vaisseau, c'est une ville flottante, un morceau de comté, détaché du sol anglais, qui, après avoir traversé la mer, va se souder au continent Américain. Je me figurais cette masse énorme emportée sur les flots, sa lutte contre les vents qu'elle défie, son audace devant la mer impuissante, son indifférence à la lame, sa stabilité au milieu de cet élément qui secoue comme des chaloupes les *Warriors* et les *Solférinos*. Mais mon imagination s'était arrêtée en deçà. Toutes ces choses, je les vis pendant cette traversée, et bien d'autres encore qui ne sont plus du domaine maritime. Si le *Great-Eastern* n'est pas seulement une machine nautique, si c'est un microcosme et s'il emporte un monde avec lui, un observateur ne s'étonnera pas d'y rencontrer, comme sur un plus grand théâtre, tous les instincts, tous les ridicules, toutes les passions des hommes.

En quittant la gare, je me rendis à l'hôtel Adelphi. Le départ du *Great-Eastern* était annoncé pour le 20 mars. Désirant suivre les derniers préparatifs, je fis demander au capitaine Anderson, commandant du steam-ship, la permission de m'installer immédiatement à bord. Il m'y autorisa fort obligeamment.

Le lendemain, je descendis vers les bassins qui forment une double lisière de docks sur les rives de la Mersey. Les ponts tournants me permirent d'atteindre le quai de New-Prince, sorte de radeau mobile qui suit les mouvements de la marée. C'est une place d'embarquement pour les nombreux boats qui font le service de Birkenhead, annexe de Liverpool, située sur la rive gauche de la Mersey.

Cette Mersey, comme la Tamise, n'est qu'une insignifiante rivière, indigne du nom de fleuve bien qu'elle se jette à la mer. C'est une vaste dépression du sol, remplie d'eau, un véritable trou que sa profondeur rend propre à recevoir des navires du plus fort tonnage. Tel le *Great-Eastern*, auquel la plupart des autres ports du monde sont rigoureusement interdits. Grâce à cette disposition naturelle, ces ruisseaux de la Tamise et de la Mersey ont vu se fonder presque à leur embouchure, deux immenses villes de commerce, Londres et Liverpool ; de même et a peu près pour des considérations identiques, Glasgow sur la rivière Clyde.

A la cale de New-Prince chauffait un tender, petit bateau à vapeur, affecté au service du *Great-Eastern*. Je m'installai sur le pont, déjà encombré d'ouvriers et de manœuvres qui se rendaient à bord du steam-ship. Quand sept heures du matin sonnèrent à la tour Victoria, le tender largua ses amarres, et suivit à grande vitesse le flot montant de la Mersey.

A peine avait-il débordé que j'aperçus sur la cale un jeune homme de grande taille, ayant cette physionomie aristocratique qui distingue l'officier anglais. Je crus reconnaître en lui un de mes amis, capitaine à l'armée des Indes, que je n'avais pas vu depuis plusieurs années. Mais je devais me tromper, car le capitaine Mac-Elwin ne pouvait avoir quitté Bombay. Je l'aurais su. D'ailleurs Mac-Elwin était un garçon gai, insouciant, un joyeux camarade, et celui-ci, s'il offrait à mes yeux les traits de mon ami, semblait triste et comme accablé d'une secrète douleur. Quoi qu'il en soit, je n'eus pas le temps de l'observer avec plus d'attention, car le tender s'éloignait rapidement, et l'impression fondée sur cette ressemblance s'effaça bientôt de mon esprit.

Le *Great-Eastern* était mouillé à peu près à trois milles en amont, à la hauteur des premières maisons de Liverpool. Du quai de New-Prince, on ne pouvait l'apercevoir. Ce fut au premier tournant de la rivière que j'entrevis sa masse imposante. On eût dit une sorte d'îlot à demi estompé dans les brumes. Il se présentait par l'avant, ayant évité au flot; mais bientôt le tender prit du tour, et le steam-ship se montra dans toute sa longueur. Il me parut ce qu'il était : énorme ! Trois ou quatre « charbonniers, » accostés à ses flancs, lui versaient par ses sabords percés au-dessus de la ligne de flottaison leur chargement de houille. Près du *Great-Eastern*, ces trois-mâts ressemblaient à des barques. Leurs cheminées n'atteignaient même pas la première ligne des hublots évidés dans sa coque; leurs barres de perroquet ne dépassaient pas ses pavois. Le géant aurait pu hisser ces navires sur son porte-manteau, en guise de chaloupes à vapeur.

Cependant le tender s'approchait; il passa sous l'étrave droite du *Great-Eastern*, dont les chaînes se tendaient violemment sous la poussée du flot; puis, le rangeant à bâbord, il stoppa au bas du vaste escalier qui serpentait sur ses flancs. Dans cette position le pont du tender affleurait seulement la ligne de flottaison du steam-ship, cette ligne qu'il devait atteindre en pleine charge, et qui émergeait encore de deux mètres.

Cependant les ouvriers débarquaient en hâte et gravissaient ces nombreux étages de marches qui se terminaient à la coupée du navire. Moi, la tête renversée, le corps rejeté en arrière, comme un touriste qui regarde un édifice élevé, je contemplais les roues du *Great-Eastern*.

Vues de côté, ces roues paraissaient maigres, émaciées, bien que la longueur de leur pales fût de quatre mètres; mais de face, elles avaient un aspect monumental. Leur élégante armature, la disposition du solide moyeu, point d'appui de tout le système, les étrésillons entrecroisés, destinés à maintenir l'écartement de la triple jante, cette auréole de rayons rouges, ce mécanisme à demi perdu dans l'ombre des larges tambours qui coiffaient l'appareil, tout cet ensemble frappait l'esprit et évoquait l'idée de quelque puissance farouche et mystérieuse.

Avec quelle énergie ces pales de bois, si vigoureusement boulonnées, devaient battre les eaux que le flux brisait en ce moment contre elles! Quels bouillonnements des nappes liquides, quand ce puissant engin les frappait coup sur coup! Quels tonnerres engouffrés dans cette caverne des tambours, lorsque le *Great-Eastern* marchait à toute vapeur sous la poussée de ces roues, mesurant cinquante-trois pieds de diamètre et cent soixante-six pieds de circonférence, pesant quatre-vingt-dix tonneaux et donnant onze tours à la minute !

Le tender avait débarqué ses passagers. Je mis le pied sur les marches de fer cannelées, et, quelques instants après, je franchissais la coupée du steamship.

II

Le pont n'était encore qu'un immense chantier livré à une armée de travailleurs. Je ne pouvais me croire à bord d'un navire. Plusieurs milliers d'hommes, ouvriers, gens de l'équipage, mécaniciens, officiers, manœuvres, curieux, se croisaient, se coudoyaient sans se gêner, les uns sur le pont, les autres dans les machines, ceux-ci courant les rouffles, ceux-là éparpillés à travers la mâture, tous dans un pêle-mêle qui échappe à la description. Ici des grues volantes enlevaient d'énormes pièces de fonte ; là, de lourds madriers étaient hissés à l'aide de treuils à vapeur ; au-dessus de la chambre des machines se balançait un cylindre de fer, véritable tronc de métal ; à l'avant, les vergues montaient en gémissant le long des mâts de hune ; à l'arrière se dressait un échafaudage qui cachait sans doute quelque édifice en construction. On bâtissait, on ajustait, on charpentait, on gréait, on peignait au milieu d'un incomparable désordre.

Mes bagages avaient été transbordés. Je demandai le capitaine Anderson. Le commandant n'était pas encore arrivé; mais un des stewards se chargea de mon installation et fit transporter mes colis dans une des cabines de l'arrière.

« Mon ami, lui dis-je, le départ du *Great-Eastern* était annoncé pour le 20 mars, mais il est impossible que tous ces préparatifs soient terminés en vingt-quatre heures. Savez-vous à quelle époque nous pourrons quitter Liverpool? »

A cet égard, le steward n'était pas plus avancé que moi. Il me laissa seul. Je résolus alors de visiter tous les trous de cette immense fourmilière, et je commençai ma promenade comme eût fait un touriste dans quelque ville inconnue. — Une boue noire, cette boue britannique qui se colle aux pavés des villes anglaises, — couvrait le pont du steam-ship. Des ruisseaux fétides serpentaient çà et là. On se serait cru dans un des plus mauvais passages d'Upper-Thames-street, aux abords du pont de Londres. Je marchai en rasant ces rouffles qui s'allongeaient sur l'arrière du navire. Entre eux et les bastingages, de chaque côté, se dessinaient deux larges rues ou plutôt deux boulevards qu'une foule compacte encombrait. J'arrivai ainsi au centre même du bâtiment, entre les tambours réunis par un double système de passerelles.

Là, s'ouvrait le gouffre destiné à contenir les organes de la machine à roues. J'aperçus alors cet admirable engin de locomotion. Une cinquantaine d'ouvriers étaient répartis sur les claires-voies métalliques du bâtis de fonte, les uns accrochés aux longs pistons inclinés sous des angles divers, les autres suspendus aux bielles, ceux-ci ajustant l'excentrique, ceux-là boulonnant au moyen d'énormes clefs les coussinets des tourillons. Ce tronc de métal qui descendait lentement par l'écoutille, c'était un nouvel arbre de couche destiné à transmettre aux roues le mouvement des bielles. De cet abîme sortait un bruit continu, fait de sons aigres et discordants.

Après avoir jeté un rapide coup d'œil sur ces travaux d'ajustage, je repris ma promenade et j'arrivai sur l'avant. Là, des tapissiers achevaient de décorer un assez vaste rouffle désigné sous le nom de « smoking-room, » la chambre à fumer, le véritable estaminet de cette ville flottante, magnifique café éclairé par quatorze fenêtres, plafonné blanc et or et lambrissé de panneaux en citronnier. Puis, après avoir traversé une sorte de petite place triangulaire que formait l'avant du pont, j'atteignis l'étrave qui tombait d'aplomb à la surface des eaux.

De ce point extrême, me retournant, j'aperçus dans une déchirure des brumes, l'arrière du *Great-Eastern* à une distance de plus de deux hectomètres. Ce colosse mérite bien qu'on emploie de tels multiples pour en évaluer les dimensions.

Je revins en suivant le boulevard de tribord, passant entre les rouffles et les pavois, évitant le choc des poulies qui se balançaient dans les airs et le coup de fouet des manœuvres que la brise cinglait çà et là, me dégageant ici des heurts d'une grue volante, et plus loin des scories enflammées qu'une forge lançait comme un bouquet d'artifices. J'apercevais à peine le sommet des mâts, hauts de deux cents pieds, qui se perdaient dans le brouillard, auquel les tenders de service et les « charbonniers » mêlaient leur fumée noire. Après avoir dépassé la grande écoutille de la machine à roues, je remarquai un « petit hôtel » qui s'élevait sur ma gauche, puis la longue façade latérale d'un palais surmonté d'une terrasse dont on fourbissait les garde-fous. Enfin j'atteignis l'arrière du steam-ship, à l'endroit où s'élevait l'échafaudage que j'ai déjà signalé. Là, entre le dernier rouffle et le vaste caillebotis au-dessus duquel se dressaient les quatre roues du gouvernail, des mécaniciens achevaient d'installer une machine à vapeur. Cette machine se composait de deux cylindres horizontaux et présentait un système de pignons, de leviers, de déclics qui me sembla très-compliqué. Je n'en compris pas d'abord la destination, mais il me parut qu'ici comme partout, les préparatifs étaient loin d'être terminés.

1.

Et maintenant, pourquoi ces retards pourquoi tant d'aménagements nouveaux à bord du *Great Eastern*, navire relativement neuf? c'est ce qu'il faut dire en quelques mots.

Après une vingtaine de traversées entre l'Angleterre et l'Amérique, et dont l'une fut marquée par des accidents très-graves, l'exploitation du *Great-Eastern* avait été momentanément abandonnée. Cet immense bateau disposé pour le transport des voyageurs ne semblait plus bon à rien et se voyait mis au rebut par la race défiante des passagers d'outre-mer. Lorsque les premières tentatives pour poser le câble sur son plateau télégraphique eurent échoué, — insuccès dû en partie à l'insuffisance des navires qui le transportaient, — les ingénieurs songèrent au *Great-Eastern*. Lui seul pouvait emmagasiner à son bord ces trois mille quatre cents kilomètres de fil métallique, pesant quatre mille cinq cents tonnes. Lui seul pouvait, grâce à sa parfaite indifférence à la mer, dérouler et immerger cet immense grelin. Mais pour arrimer ce câble dans les flancs du navire, il fallut des aménagements particuliers. On fit sauter deux chaudières sur six et une cheminée sur trois, appartenant à la machine de l'hélice. A leur place, de vastes récipients furent disposés pour y lover le câble qu'une nappe d'eau préservait des altérations de l'air. Le fil passait ainsi de ces lacs flottants à la mer sans subir le contact des couches atmosphériques.

L'opération de la pose du câble s'accomplit avec succès, et, le résultat obtenu, le *Great-Eastern* fut relégué de nouveau dans son coûteux abandon. Survint alors l'Exposition Universelle de 1867. Une Compagnie française, dite *Société des Affréteurs du Great-Eastern*, à responsabilité limitée, se fonda au capital de deux millions de francs, dans l'intention d'employer le vaste navire au transport des visiteurs transocéaniens. De là, nécessité de réapproprier le steam-ship à cette destination, nécessité de combler les récipients et de rétablir les chaudières, nécessité d'agrandir des salons que devaient habiter plusieurs milliers de voyageurs et de construire ces rouffles contenant des salles à manger supplémentaires ; enfin, aménagement de trois mille lits dans les flancs de la gigantesque coque.

Le *Great-Eastern* fut affrété au prix de vingt-cinq mille francs par mois. Deux contrats furent passés avec G. Forrester et Co de Liverpool : le premier, au prix de cinq cent trente-huit mille sept cent cinquante francs, pour l'établissement des nouvelles chaudières de l'hélice ; le second, au prix de six cent soixante-deux mille cinq cents francs pour réparations générales et installations du navire.

Avant d'entreprendre ces derniers travaux, *le Board of Trade* exigea que le navire fut passé sur le gril, afin que sa coque pût être rigoureusement visitée. Cette coûteuse opération faite, une longue déchirure du bordé extérieur fut soigneusement réparée à grands frais. On procéda alors à l'installation des nouvelles chaudières. On dut changer aussi l'arbre moteur des roues qui avait été faussé pendant le dernier voyage ; cet arbre, coudé en son milieu pour recevoir la bielle des pompes, fut remplacé par un arbre muni de deux excentriques, ce qui assurait la solidité de cette pièce importante sur laquelle porte tout l'effort. Enfin et pour la première fois, le gouvernail allait être mu par la vapeur.

C'est à cette délicate manœuvre que les mécaniciens destinaient la machine qu'ils ajustaient à l'arrière. Le timonnier, placé sur la passerelle du centre, entre les appareils à signaux des roues et de l'hélice, avait sous les yeux un cadran pourvu d'une aiguille mobile, qui lui donnait à chaque instant la position de sa barre. Pour la modifier, il se contentait d'imprimer un léger mouvement à une petite roue mesurant à peine un pied de diamètre et dressée verticalement à portée de sa main. Aussitôt des valves s'ouvraient ; la vapeur des chaudières se précipitait par de longs tuyaux de conduite dans les deux cylindres de la petite machine ; les pistons se mouvaient avec rapidité, les transmissions agissaient, et le gouvernail obéissait instantanément à ses drosses irrésistiblement entraînées. Si ce système réussissait, un homme gouvernerait, d'un seul doigt, la masse colossale du *Great Eastern*.

Pendant cinq jours, les travaux continuèrent avec

une activité dévorante. Ces retards nuisaient considérablement à l'entreprise des affréteurs ; mais les entrepreneurs ne pouvaient faire plus. Le départ fut irrévocablement fixé au 26 mars. Le 25, le pont du steam-ship était encore encombré de tout l'outillage supplémentaire.

Enfin, pendant cette dernière journée, les passavants, les passerelles, les rouffles se dégagèrent peu à peu ; les échafaudages furent démontés ; les grues disparurent ; l'ajustement des machines s'acheva ; les dernières chevilles furent frappées, et les derniers écrous vissés ; les pièces polies se couvrirent d'un enduit blanc qui devait les préserver de l'oxydation pendant le voyage ; les réservoirs d'huile se remplirent ; la dernière plaque reposa enfin sur sa mortaise de métal. Ce jour là, l'ingénieur en chef fit l'essai des chaudières. Une énorme quantité de vapeur se précipita dans la chambre des machines. Penché sur l'écoutille, enveloppé dans ces chaudes émanations, je ne voyais plus rien ; mais j'entendais les longs pistons gémir à travers leurs boîtes à étoupes, et les gros cylindres osciller avec bruit sur leurs solides tourillons. Un vif bouillonnement se produisait sous les tambours, pendant que les pales frappaient lentement les eaux brumeuses de la Mersey. A l'arrière, l'hélice battait les flots de sa quadruple branche. Les deux machines entièrement indépendantes l'une de l'autre, étaient prêtes à fonctionner.

Vers cinq heures du soir, une chaloupe à vapeur vint accoster. Elle était destinée au *Great-Eastern*. Sa locomobile fut détachée d'abord et hissée sur le pont au moyen des cabestans. Mais, quant à la chaloupe elle-même, elle ne put être embarquée. Sa coque d'acier était d'un poids tel que les pistolets sur lesquels on avait frappé les palans, plièrent sous la charge, effet qui ne se fût pas produit, sans doute, si on les eût soutenus au moyen de balancines. Il fallut donc abandonner cette chaloupe ; mais il restait encore au *Great-Eastern* un chapelet de seize embarcations accrochées à ses porte-manteaux.

Ce soir-là, tout fut à peu près terminé. Les boulevards nettoyés n'offraient plus trace de boue ; l'armée des balayeurs avait passé par là. Le chargement était entièrement achevé. Vivres, marchandises, charbon occupaient les cambuses, la cale et les soutes. Cependant, le steamer ne se trouvait pas encore dans ses lignes d'eau et ne tirait pas les neuf mètres réglementaires. C'était un inconvénient pour ses roues, dont les aubes, insuffisamment immergées, devaient nécessairement produire une poussée moindre. Néanmoins, dans ces conditions, on pouvait partir. Je me couchai donc avec l'espoir de prendre la mer le lendemain. Je ne me trompais pas. Le 26 mars, au point du jour, je vis flotter au mât de misaine le pavillon américain, au grand mât le pavillon français, et à la corne d'artimon le pavillon d'Angleterre.

III

En effet, le *Great-Eastern* se préparait à partir. De ses cinq cheminées s'échappaient déjà quelques volutes de fumée noire. Une buée chaude transpirait à travers les puits profonds qui donnaient accès dans les machines. Quelques matelots fourbissaient les quatre gros canons qui devaient saluer Liverpool à notre passage. Des gabiers couraient sur les vergues et dégageaient les manœuvres. On raidissait les haubans sur leurs épais caps de mouton crochés à l'intérieur des bastingages. Vers onze heures, les tapissiers finissaient d'enfoncer leurs derniers clous et les peintres d'étendre leur dernière couche de peinture. Puis tous s'embarquèrent sur le tender qui les attendait. Dès qu'il y eut pression suffisante, la vapeur fut envoyée dans les cylindres de la machine motrice du gouvernail, et les mécaniciens reconnurent que l'ingénieux appareil fonctionnait régulièrement.

Le temps était assez beau. De grandes échappées de soleil se prolongeaient entre les nuages qui se déplaçaient rapidement. A la mer, le vent devait être fort et souffler en grande brise, ce dont se préoccupait assez peu le *Great-Eastern*.

Tous les officiers étaient à bord et répartis sur les divers points du navire, afin de préparer l'appareillage. L'état-major se composait d'un capitaine, d'un second, de deux seconds officiers, de cinq lieutenants, dont un français, M. H..., et d'un volontaire, Français également.

Le capitaine Anderson est un marin de grande réputation dans le commerce anglais. C'est à lui que l'on doit la pose du câble transatlantique. Il est vrai que s'il réussit là où ses devanciers échouèrent, c'est qu'il opéra dans des conditions bien autrement favorables, ayant le *Great-Eastern* à sa disposition. Quoi qu'il en soit, ce succès lui a mérité le titre de « sir, » qui lui a été octroyé par la reine. Je trouvai en lui un commandant fort aimable. C'était un homme de cinquante ans, blond fauve, de ce blond qui maintient sa nuance en dépit du temps et de l'âge, la taille haute, la figure large et souriante, la physionomie calme, l'air bien anglais, marchant d'un pas tranquille et uniforme, la voix douce, les yeux un peu clignotants, jamais les mains dans les poches, toujours irréprochablement ganté, élégamment vêtu, avec ce signe particulier, le petit bout de son mouchoir blanc sortant de la poche de sa redingote bleue à triple galon d'or.

Le second du navire contrastait singulièrement avec le capitaine Anderson. Il est facile à peindre; un petit homme vif, la peau très-hâlée, l'œil un peu injecté, de la barbe noire jusqu'aux yeux, des jambes arquées qui défiaient toutes les surprises du roulis. Marin actif, alerte, très au courant du détail, il donnait ses ordres d'une voix brève, ordres que répétait le maître d'équipage avec ce rugissement de lion enrhumé qui est particulier à la marine anglaise. Ce second se nommait W...... Je crois que c'était un officier de la flotte, détaché, par permission spéciale, à bord du *Great-Eastern*. Enfin il avait des allures de « loup de mer, » et il devait être de l'école de cet amiral français, — un brave à toute épreuve, — qui, au moment du combat, criait invariablement à ses hommes : « Allons, enfants, ne bronchez pas, car vous savez que j'ai l'habitude de me faire sauter ! »

En dehors de cet état-major, les machines étaient sous le commandement d'un chef-ingénieur, aidé de huit ou dix officiers mécaniciens. Sous ses ordres manœuvrait un bataillon de deux cent cinquante hommes, tant soutiers que chauffeurs ou graisseurs, qui ne quittaient guère les profondeurs du bâtiment.

D'ailleurs, avec dix chaudières ayant dix fourneaux chacune, soit cent feux à conduire, ce bataillon était occupé nuit et jour.

Quant à l'équipage proprement dit du steam-ship, maîtres, quartiers-maîtres, gabiers, timonniers et mousses, il comprenait environ cent hommes. De plus, deux cents stewards étaient affectés au service des passagers.

Tout le monde se trouvait donc à son poste. Le pilote qui devait « sortir » le *Great Eastern* des passes de la Mersey était à bord depuis la veille. J'aperçus aussi un pilote français, de l'île de Molène, près d'Ouessant, qui devait faire avec nous la traversée de Liverpool à New-York, et, au retour, rentrer le steamship dans la rade de Brest.

« Je commence à croire que nous partirons aujourd'hui? dis-je au lieutenant H...

— Nous n'attendons plus que nos voyageurs, me répondit mon compatriote.

— Sont-ils nombreux?

— Douze ou treize cents. »

C'était la population d'un gros bourg.

A onze heures et demie, on signala le tender, encombré de passagers enfouis dans les chambres, accrochés aux passerelles, étendus sur les tambours, juchés sur les montagnes de colis qui surmontaient le pont. C'était, comme je l'appris ensuite, des Californiens, des Canadiens, des Yankees, des Péruviens, des Américains du sud, des Anglais, des Allemands, et deux ou trois Français. Entre tous se distinguaient le célèbre Cyrus Field, de New-York; l'honorable John Rose, du Canada; l'honorable Mac-Alpine, de New-York; Mr. et Mrs. Alfred Cohen, de San-Francisco; Mr. et Mrs. Whitney, de Mont-Réal; le capitaine Mac Ph... et sa femme. Parmi les Français, se trouvait le fondateur de la *Société des Affréteurs du Great-Eastern*,

M. Jules D..., représentant de cette *Telegraph construction and maintenance Company*, qui avait apporté dans l'affaire une contribution de vingt mille livres.

Le tender se rangea au pied de l'escalier de tribord. Alors commença l'interminable ascension des bagages et des passagers, mais sans hâte, sans cris, ainsi que font des gens qui rentrent tranquillement chez eux. Des Français, eux, auraient cru devoir monter là comme à l'assaut, et se comporter en véritables zouaves.

Dès que chaque passager avait mis le pied sur le pont du steam-ship, son premier soin était de descendre dans les salles à manger et d'y marquer la place de son couvert. Sa carte ou son nom, crayonné sur un bout de papier, suffisait à lui assurer sa prise de possession. D'ailleurs, un lunch était servi en ce moment, et, en quelques instants, toutes les tables furent garnies de convives, qui, lorsqu'ils sont Anglo-Saxons, savent parfaitement combattre à coups de fourchette les ennuis d'une traversée.

J'étais resté sur le pont afin de suivre tous les détails de l'embarquement. A midi et demi, les bagages étaient transbordés. Je vis là, pêle-mêle, mille colis de toutes formes, de toutes grandeurs, des caisses aussi grosses que des wagons, qui pouvaient contenir un mobilier, de petites trousses de voyage d'une élégance parfaite, des sacs aux angles capricieux, et ces malles américaines ou anglaises, si reconnaissables au luxe de leurs courroies, à leur bouclage multiple, à l'éclat de leurs cuivres, à leurs épaisses couvertures de toiles, sur lesquelles se détachaient deux ou trois grandes initiales brossées à travers des découpages de fer blanc. Bientôt tout ce fouillis eut disparu dans les magasins, j'allais dire dans les gares de l'entrepont, et les derniers manœuvres, porteurs ou guides, redescendirent sur le tender, qui déborda après avoir encrassé les pavois du *Great-Eastern* des scories de sa fumée.

Je retournais vers l'avant, quand soudain je me trouvai en présence de ce jeune homme que j'avais entrevu sur le quai de New-Prince. Il s'arrêta en m'apercevant, et me tendit une main que je serrai aussitôt avec affection.

« Vous, Fabian ! m'écriai-je, vous, ici ?

— Moi-même, cher ami.

— Je ne m'étais donc pas trompé, c'est bien vous que j'ai entrevu, il y a quelques jours, sur la cale de départ ?

— C'est probable, me répondit Fabian, mais je ne vous ai pas aperçu.

— Et vous venez en Amérique ?

— Sans doute ! Un congé de quelques mois, peut-on le mieux passer qu'à courir le monde ?

— Heureux le hasard qui vous a fait choisir le *Great-Eastern* pour cette promenade de touriste.

— Ce n'est point un hasard, mon cher camarade. J'ai lu dans un journal que vous preniez passage à bord du *Great-Eastern*, et, comme nous ne nous étions pas rencontrés depuis quelques années, je suis venu trouver le *Great-Eastern* pour faire la traversée avec vous.

— Vous arrivez de l'Inde ?

— Par le *Godavery*, qui m'a débarqué avant-hier à Liverpool.

— Et vous voyagez, Fabian ?... lui demandai-je en observant sa figure pâle et triste.

— Pour me distraire, si je le puis, » répondit, en me pressant la main avec émotion, le capitaine Fabian Mac Elwin.

IV

Fabian m'avait quitté pour surveiller son installation dans la cabine 73, de la série du grand salon, dont le numéro était porté sur son billet. En ce moment, de grosses volutes de fumée tourbillonnaient à l'orifice des larges cheminées du steam-ship. On entendait frémir la coque des chaudières jusque dans les profondeurs du navire. La vapeur assourdissante fusait par les tuyaux d'échappement et retombait en pluie fine sur le pont. Quelques remous bruyants annonçaient que les machines s'essayaient. L'ingénieur avait de la pression. On pouvait partir.

Il fallut d'abord lever l'ancre. Le flot montait encore,

et le *Great-Eastern*, évité sous sa poussée, lui présentait l'avant. Il était donc tout paré pour descendre la rivière. Le capitaine Anderson avait dû choisir ce moment pour appareiller, car la longueur du *Great-Eastern* ne lui permettait pas d'évoluer dans la Mersey. N'étant point entraîné par le jusant, mais, au contraire, refoulant le flot rapide, il était plus maître de son navire et plus certain de manœuvrer habilement au milieu des bâtiments nombreux qui sillonnaient la rivière. Le moindre attouchement de ce colosse eût été désastreux.

Lever l'ancre dans ces conditions exigeait des efforts considérables. En effet, le steam-ship, poussé par le courant, tendait les chaînes sur lesquelles il était affourché. De plus, un vent violent du sud-ouest trouvait prise sur sa masse et joignait son action à celle du flux. Il fallait donc employer de puissants engins pour arracher les ancres pesantes de leur fond de vase. Un « anchor-boat », sorte de bateau destiné à cette opération, était venu se bosser sur les chaînes; mais ses cabestans ne suffirent pas, et l'on dut se servir des appareils mécaniques que le *Great-Eastern* avait à sa disposition.

A l'avant, une machine de la force de soixante-dix chevaux, était disposée pour le hissage des ancres. Il suffisait d'envoyer la vapeur des chaudières dans ses cylindres pour obtenir immédiatement une force considérable, qu'on pouvait directement appliquer au cabestan sur lequel les chaînes étaient garnies. Ce fut fait. Mais, si puissante qu'elle fût, la machine se trouva insuffisante. Il fallut donc lui venir en aide. Le capitaine Anderson fit mettre les barres, et une cinquantaine d'hommes de l'équipage vinrent virer au cabestan.

Le steam-ship commença de venir sur ses ancres. Mais le travail se faisait lentement ; les maillons cliquetaient, non sans peine, dans les écubiers de l'étrave, et, à mon avis, on aurait pu soulager les chaînes en donnant quelques tours de roues, de manière à les embraquer plus aisément.

J'étais en ce moment sur la dunette de l'avant, avec un certain nombre de passagers. Nous observions tous les détails de l'opération et les progrès de l'appareillage. Près de moi, un voyageur, impatienté sans doute des lenteurs de la manœuvre, haussait fréquemment les épaules, et n'épargnait pas à l'impuissante machine ses moqueries incessantes. C'était un petit homme maigre, nerveux, à mouvements fébriles, dont on voyait à peine les yeux sous le plissement de leurs paupières. Un physionomiste eût reconnu, dès l'abord, que les choses de la vie devaient apparaître par leur côté plaisant à ce philosophe de l'école de Démocrite, dont les muscles zygomatiques, nécessaires à l'action du rire, ne restaient jamais en repos. Au demeurant, — je le vis plus tard, — un aimable compagnon de voyage.

« Monsieur, me dit-il, jusqu'ici j'avais cru que les machines étaient faites pour aider les hommes, et non les hommes pour aider les machines ! »

J'allais répondre à cette juste observation, quand des cris retentirent. Mon interlocuteur et moi, nous étions précipités vers l'avant. Sans exception, tous les hommes disposés sur les barres avaient été renversés ; les uns se relevaient ; d'autres gisaient sur le pont. Un pignon de la machine ayant cassé, le cabestan avait déviré irrésistiblement sous la traction effroyable des chaînes. Les hommes, pris à revers, avaient été frappés avec une violence extrême à la tête ou à la poitrine. Dégagés de leurs rabans cassés, les barres, faisant mitraille autour d'elles, venaient de tuer quatre matelots et d'en blesser douze. Parmi ces derniers, le maître d'équipage, un Écossais de Dundee.

On se précipita vers ces malheureux. Les blessés furent conduits au poste des malades, situé à l'arrière. Quant aux quatre morts, on s'occupa de les débarquer immédiatement. D'ailleurs, les Anglo-Saxons ont une telle indifférence pour la vie des gens que cet événement ne provoqua qu'une médiocre impression à bord. Ces infortunés, tués ou blessés, n'étaient que les dents d'un rouage que l'on pouvait remplacer à peu de frais. On fit le signal de revenir au tender, déjà éloigné. Quelques minutes après, il accostait le navire.

Je me dirigeai vers la coupée. L'escalier n'avait pas

encore été relevé. Les quatre cadavres, enveloppés de couvertures, furent descendus et déposés sur le pont du tender. Un des médecins du bord s'embarqua afin de les accompagner jusqu'à Liverpool, avec recommandation de rejoindre ensuite le *Great-Eastern* en toute diligence. Le tender s'éloigna aussitôt, et les matelots allèrent à l'avant laver les plaques de sang qui tâchaient le pont.

Je dois dire aussi qu'un passager, légèrement endommagé par un éclat de barre, profita de la circonstance pour s'en retourner par le tender. Il avait déjà assez du *Great-Eastern*.

Cependant, je regardais le petit boat s'éloigner à toute vapeur. Lorsque je me retournai, mon compagnon à figure ironique murmura derrière moi ces paroles :

« Un voyage qui commence bien !

— Bien mal, monsieur, répondis-je. A qui ai-je l'honneur de parler ?

— Au docteur Dean Pitferge. »

V

L'opération avait été reprise. Avec l'aide de l'anchor-boat, les chaînes furent soulagées, et les ancres quittèrent enfin leur fond tenace. Une heure un quart sonnait aux clochers de Birkenhead. Le départ ne pouvait être différé, si l'on tenait à utiliser la marée pour la sortie du steam-ship. Le capitaine et le pilote montèrent sur la passerelle. Un lieutenant se posta près de l'appareil à signaux de l'hélice, un autre près de l'appareil à signaux des aubes. Le timonier se tenait entre eux, près de la petite roue destinée à mouvoir le gouvernail. Par prudence, au cas où la machine à vapeur eût manqué, quatre autres timoniers veillaient à l'arrière, prêts à manœuvrer les grandes roues qui se dressaient sur le caillebotis. Le *Great-Eastern*, faisant tête au courant, était tout évité, et il n'avait plus que le flot à refouler pour descendre la rivière.

L'ordre du départ fut donné. Les pales frappèrent lentement les premières couches d'eau, l'hélice « patouilla » à l'arrière, et l'énorme vaisseau commença à se déplacer.

La plupart des passagers, montés sur la dunette de l'avant, regardaient le double paysage hérissé de chemindes d'usines, que présentaient, à droite, Liverpool, à gauche, Birkenhead. La Mersey, encombrée de navires, les unes mouillés, les autres montant ou descendant, n'offrait à notre steam-ship que de sinueux passages. Mais, sous la main de son pilote, sensible aux moindres volontés de son gouvernail, il se glissait dans les passes étroites, évoluant comme une baleinière sous l'aviron d'un vigoureux timonier. Un instant, je crus que nous allions aborder un trois-mats qui dérivait le travers au courant, et dont le bout-dehors vint raser la coque du *Great-Eastern* ; mais le choc fut évité ; et quand, du haut des rouffles, je regardai ce navire qui ne jaugeait pas moins de sept ou huit cents tonneaux, il m'apparut comme un de ces petits bateaux que les enfants lancent sur les bassins de Green-Park, ou de la Serpentine-River.

Bientôt le *Great-Eastern* se trouva par le travers des cales d'embarquement de Liverpool. Les quatre canons qui devaient saluer la ville se turent, par respect pour ces morts que le tender débarquait en ce moment. Mais des hurrahs formidables remplacèrent ces détonations qui sont la dernière expression de la politesse nationale. Aussitôt les mains de battre, les bras de s'agiter, les mouchoirs de se déployer avec cet enthousiasme dont les Anglais sont si prodigues au départ de tout navire, ne fût-ce qu'un simple canot qui va faire une promenade en baie. Mais comme on répondait à ces saluts! Quels échos ils provoquaient sur les quais! Des milliers de curieux couvraient les murs de Liverpool et de Birkenhead. Les boats, chargés de spectateurs, fourmillaient sur la Mersey. Les marins du *Lord Clyde*, navire de guerre, mouillé devant les bassins, s'étaient dispersés sur les hautes vergues et saluaient le géant de leurs acclamations. Du haut des dunettes des vaisseaux ancrés dans la rivière, les musiques nous envoyaient des harmonies terribles que le bruit des hurrahs ne pouvait couvrir. Les pavillons montaient et descendaient incessamment en l'honneur du *Great-Eastern*. Mais bientôt les cris commencèrent à s'éteindre dans l'éloignement. Notre steam-ship rangea de près le *Tripoli*, un paquebot de la ligne Cunard, affecté au transport des émigrants, et qui, malgré sa jauge de deux mille tonneaux, paraissait n'être qu'une simple barque. Puis, sur les deux rives, les maisons se firent de plus en plus rares. Les fumées cessèrent de noircir le paysage. La campagne trancha sur les murs de briques. Encore quelques longues et uniformes rangées de maisons ouvrières. Enfin des villas apparurent, et, sur la rive gauche de la Mersey, de la plate-forme du phare et de l'épaulement du bastion, quelques derniers hurrahs nous saluèrent une dernière fois.

A trois heures, le *Great-Eastern* avait franchi les passes de la Mersey, et il donnait dans le canal Saint-

Georges. Le vent du sud-ouest soufflait en grande brise. Nos pavillons, rigidement tendus, ne faisaient pas un pli. La mer se gonflait déjà de quelques houles, mais le steam-ship ne les ressentait pas.

Vers quatre heures, le capitaine Anderson fit stopper. Le tender forçait de vapeur pour nous rejoindre. Il nous ramenait le second médecin du bord. Lorsque le boat eut accosté, on lança une échelle de corde par laquelle ce personnage embarqua, non sans peine. Plus agile que lui, notre pilote s'affala par le même chemin jusqu'à son canot, qui l'attendait, et dont chaque rameur était muni d'une ceinture natatoire en liége. Quelques instants après, il rejoignait une charmante petite goélette qui l'attendait sous le vent.

La route fut aussitôt reprise. Sous la poussée de ses aubes et de son hélice, la vitesse du *Great-Eastern* s'accéléra. Malgré le vent debout, il n'éprouvait ni roulis, ni tangage. Bientôt l'ombre couvrit la mer, et la côte du comté de Galles, marquée par la pointe d'Holy-Head, se perdit enfin dans la nuit.

VI

Le lendemain, 27 mars, le *Great-Eastern* prolongeait par tribord la côte accidentée de l'Irlande. J'avais choisi ma cabine à l'avant sur le premier rang en abord. C'était une petite chambre, bien éclairée par deux larges hublots. Une seconde rangée de cabines la séparait du premier salon de l'avant, de telle sorte que ni le bruit des conversations ni le fracas des pianos, qui ne manquaient pas à bord, n'y pouvaient parvenir. C'etait une cabane isolée à l'extrémité d'un faubourg. Un canapé, une couchette, une toilette la meublaient suffisamment.

A sept heures du matin, après avoir traversé les deux premières salles, j'arrivai sur le pont. Quelques passagers arpentaient déjà les rouffles. Un roulis presque insensible balançait légèrement le steamer. Le vent cependant soufflait en grande brise, mais la mer, couverte par la côte, ne pouvait se faire. Néanmoins, j'augurais bien de l'indifférence du *Great-Eastern*.

Arrivé sur la dunette de la smoking-room, j'aperçus cette longue étendue de côte, élégamment profilée,

à laquelle son éternelle verdure a valu d'être nommée
« Côte d'émeraude. » Quelques maisons solitaires, le
lacet d'une route de douaniers, un panache de vapeur
blanche marquant le passage d'un train entre deux
collines, un sémaphore isolé faisant des gestes grima-
çants aux navires du large, l'animaient çà et là.

Entre la côte et nous, la mer présentait une nuance
d'un vert sale, comme une plaque irrégulièrement ta-
chée de sulfate de cuivre. Le vent tendait encore à
fraîchir; quelques embruns volaient comme une poussière; de nombreux bâtiments, bricks ou goélettes,
cherchaient à s'élever de la terre; des steamers passaient en crachant leur fumée noire; le *Great-Eastern*,
bien qu'il ne fût pas encore animé d'une grande vitesse, les distançait sans peine.

Bientôt nous eûmes connaissance de Queen's-Town,
petit port de relâche devant lequel manœuvrait une
flottille de pêcheurs. C'est là que tout navire, venant
de l'Amérique ou des mers du Sud, — bateau à vapeur
ou bateau à voiles, transatlantique ou bâtiment de
commerce, — jette en passant ses sacs à dépêches. Un
express, toujours en pression, les emporte à Dublin
en quelques heures. Là, un paquebot, toujours fu-
mant, un steamer pur sang, tout en machines, vrai
fuseau à roues qui passe au travers des lames, bateau
de course autrement utile que *Gladiateur* ou *Fille de
l'air*, prend ces lettres, et, traversant le détroit avec
une vitesse de dix-huit milles à l'heure, il les dépose

à Liverpool. Les dépêches, ainsi entraînées, gagnent un jour sur les plus rapides transatlantiques.

Vers neuf heures, le *Great-Eastern* remonta d'un quart dans l'ouest-nord-ouest. Je venais de descendre sur le pont, lorsque je fus rejoint par le capitaine Mac-Elwin. Un de ses amis l'accompagnait, un homme de six pieds, à barbe blonde, dont les longues moustaches, perdues au milieu des favoris, laissaient le menton à découvert, suivant la mode du jour. Ce grand garçon présentait le type de l'officier anglais : il avait la tête haute, mais sans raideur, le regard assuré, les épaules dégagées, aisance et liberté dans sa marche, en un mot, tous les symptômes de ce courage si rare qu'on peut appeler le « courage sans colère. » Je ne me trompais pas sur sa profession.

« Mon ami Archibald Corsican, me dit Fabian, comme moi capitaine au 22ᵉ régiment de l'armée des Indes. »

Ainsi présentés, le capitaine Corsican et moi nous nous saluâmes.

« C'est à peine si nous nous sommes vus hier, mon cher Fabian, dis-je au capitaine Mac-Elwin, dont je serrai la main. Nous étions dans le coup de feu du départ. Je sais seulement que ce n'est point au hasard que je dois de vous rencontrer à bord du *Great-Eastern*. J'avoue que si je suis pour quelque chose dans la décision que vous avez prise....

— Sans doute, mon cher camarade, me répondit

Fabian. Le capitaine Corsican et moi, nous arrivions à Liverpool avec l'intention de prendre passage à bord du *China*, de la ligne Cunard, quand nous apprîmes que le *Great-Eastern* allait tenter une nouvelle traversée entre l'Angleterre et l'Amérique : c'était une occasion. J'appris que vous étiez à bord : c'était un plaisir. Nous ne nous étions pas revus depuis trois ans, depuis notre beau voyage dans les États scandinaves. Je n'hésitai pas, et voilà pourquoi le tender nous a déposés hier en votre présence.

— Mon cher Fabian, répondis-je, je crois que ni le capitaine Corsican ni vous ne regretterez votre décision. Une traversée de l'Atlantique sur ce grand bateau ne peut manquer d'être fort intéressante, même pour vous, si peu marins que vous soyez. Il faut avoir vu cela. Mais parlons de vous. Votre dernière lettre, — et elle n'a pas six semaines de date, — portait le timbre de Bombay. J'avais le droit de vous croire encore à votre régiment.

— Nous y étions, il y a trois semaines, répondit Fabian. Nous y menions cette existence moitié militaire, moitié campagnarde des officiers indiens, pendant laquelle on fait plus de chasses que de razzias. Je vous présente même le capitaine Archibald comme un grand destructeur de tigres. C'est la terreur des Jungles. Cependant, bien que nous soyons garçons et sans famille, l'envie nous a pris de laisser un peu de repos à ces pauvres carnassiers de la péninsule, et de venir respirer quelques molécules de l'air européen. Nous avons obtenu un congé d'un an, et aussitôt, par la mer Rouge, par Suez, par la France, nous sommes arrivés avec la rapidité d'un express dans notre vieille Angleterre.

— Notre vieille Angleterre ! répondit en souriant le capitaine Corsican, nous n'y sommes déjà plus, Fabian. C'est un navire anglais qui nous emporte, mais il est affrété par une compagnie française, et il nous conduit en Amérique. Trois pavillons différents flottent sur notre tête, et prouvent que nous foulons du pied un sol franco-anglo-américain.

— Qu'importe ! répondit Fabian, dont le front se rida un instant sous une impression douloureuse, qu'importe, pourvu que notre congé se passe ! Il nous faut du mouvement. C'est la vie. Il est si bon d'oublier le passé, et de tuer le présent par le renouvellement des choses autour de soi ! Dans quelques jours, nous serons à New-York où j'embrasserai ma sœur et ses enfants que je n'ai pas vus depuis plusieurs années. Puis nous visiterons les grands lacs. Nous redescendrons le Mississipi jusqu'à la Nouvelle-Orléans. Nous ferons une battue sur l'Amazone. De l'Amérique nous sauterons en Afrique, où les lions et les éléphants se sont donné rendez-vous au Cap, pour fêter l'arrivée du capitaine Corsican, et de là, nous reviendrons imposer aux Cipayes les volontés de la métropole ! »

Fabian parlait avec une volubilité nerveuse, et sa poiâme se gonflait de soupirs. Il y avait évidemment dans sa vie un malheur que j'ignorais encore, et que ses lettres mêmes ne m'avaient pas laissé pressentir. Archibald Corsican me parut être au courant de cette situation. Il montrait une très-vive amitié pour Fabian, plus jeune que lui de quelques années. Il semblait être le frère aîné de Mac Elwin, ce grand capitaine anglais, dont le dévouement, à l'occasion, pouvait être porté jusqu'à l'héroïsme.

En ce moment notre conversation fut interrompue. La trompette retentit à bord. C'était un steward joufflu qui annonçait, un quart d'heure d'avance, le lunch de midi et demi. Quatre fois par jour, à la grande satisfaction des passagers, ce rauque cornet résonnait ainsi : à huit heures et demie pour le déjeuner, à midi et demi pour le lunch, à quatre heures pour le dîner, à sept heures et demie pour le thé. En peu d'instants les longs boulevards furent déserts, et bientôt tous les convives étaient attablés dans les vastes salons, où je parvins à me placer près de Fabian et du capitaine Corsican.

Quatre rangs de tables meublaient ces salles à manger. Au-dessus, les verres et les bouteilles, disposées sur leurs planchettes de roulis, gardaient une immobilité et une perpendicularité parfaites. Le steam-ship ne ressentait aucunement les ondulations de la houle. Les convives, hommes, femmes ou enfants, pouvaient luncher sans crainte. Les plats, finement préparés, circulaient. De nombreux stewards s'empressaient à servir. A la demande de chacun, mentionnée sur une petite carte *ad hoc*, ils fournissaient les vins, liqueurs ou ales, qui faisaient l'objet d'un compte à part. Entre tous, les Californiens se distinguaient par leur aptitude à boire du champagne. Il y avait là, près de son mari, ancien douanier, une blanchisseuse enrichie dans les lavages de San-Francisco, qui buvait du Cliquot à trois dollars la bouteille. Deux ou trois jeunes missess, frêles et pâles, dévoraient des tranches de bœuf saignant. De longues mistress, à défenses d'ivoire, vidaient dans leurs petits verres le contenu d'un œuf à la coque. D'autres dégustaient avec une évidente satisfaction les tartes à la rhubarbe ou les céleris du dessert. Chacun fonctionnait avec entrain. On se serait cru dans un restaurant des boulevards, en plein Paris, non en plein Océan.

Le lunch terminé, les rouffles se peuplèrent de nouveau. Les gens se saluaient au passage ou s'abordaient comme des promeneurs d'Hyde-Park. Les enfants jouaient, couraient, lançaient leurs ballons, poussaient leurs cerceaux, ainsi qu'ils l'eussent fait sur le sable des Tuileries. La plupart des hommes fumaient en se promenant. Les dames, assises sur des pliants, travaillaient, lisaient ou causaient ensemble. Les gouvernantes et les bonnes surveillaient les bébés. Quelques gros américains pansus se balançaient sur leurs chaises à bascule. Les officiers du bord allaient et venaient, les uns faisant leur quart sur les passerelles et surveillant le compas, les autres répondant aux questions souvent ridicules des passagers. On entendait aussi, à travers les accalmies de la brise, les sons d'un orgue placé dans le grand rouffle de l'arrière, et les accords de deux ou trois pianos de Pleyel qui se faisaient une déplorable concurrence dans les salons inférieurs.

Vers trois heures, de bruyants hurrahs éclatèrent. Les passagers envahirent les dunettes. Le *Great-Eastern* rangeait à deux encablures un paquebot qu'il avait gagné main sur main. C'était le *Propontis*, faisant route sur New-York, qui salua le géant des mers en passant, et le géant des mers lui rendit son salut.

A quatre heures et demie, la terre était toujours en vue et nous restait à trois milles sur tribord. On la voyait à peine à travers les embruns d'un grain qui s'était subitement déclaré. Bientôt un feu apparut. C'était le phare de Fastenet, placé sur un roc isolé, et la nuit ne tarda pas à se faire, pendant laquelle nous devions doubler le cap Clear, dernière pointe avancée de la côte d'Irlande.

VII

J'ai dit que la longueur du *Great-Eastern* dépassait deux hectomètres. Pour les esprits friands de comparaison, je dirai qu'il est d'un tiers plus long que le pont des Arts. Il n'aurait donc pu évoluer dans la Seine. D'ailleurs, vu son tirant d'eau, il n'y flottetait pas plus que ne flotte le pont des Arts. En réalité, ce steam-ship mesure deux cent sept mètres cinquante à la ligne de flottaison entre ses perpendiculaires. Il a deux cent dix mètres vingt-cinq sur le pont supérieur, de tête en tête, c'est-à-dire que sa longueur est double de celle des plus grands paquebots transatlantiques. Sa largeur est de vingt-cinq mètres trente à son maître-couple, et de trente-six mètres soixante-cinq en dehors des tambours

La coque du *Great-Eastern* est à l'épreuve des plus formidables coups de mer. Elle est double et se compose d'une agrégation de cellules disposées entre bord et serre, qui ont quatre-vingt-six centimètres de hauteur. De plus, treize compartiments, séparés par des cloisons étanches, accroissent sa sécurité au point de vue de la voie d'eau et de l'incendie. Dix mille tonneaux de fer ont été employés à la construction de cette coque, et trois millions de rivets, rabattus à chaud, assurent le parfait assemblage des plaques de son bordé.

Le *Great-Eastern* déplace vingt-huit mille cinq cents tonneaux, quand il tire trente pieds d'eau. Lège, il ne cale que six mètres dix. Il peut transporter dix mille passagers. Des trois cent soixante-treize chefs-lieux d'arrondissement de la France, deux cent soixante-quatorze sont moins peuplées que ne le serait cette sous-préfecture flottante avec son maximum de passagers.

Les lignes du *Great-Eastern* sont très-allongées. Son étrave droite est percée d'écubiers par lesquels filent les chaînes des ancres. Son avant, très-pincé, ne présentant ni creux ni bosses, est fort réussi. Son arrière rond tombe un peu et dépare l'ensemble.

De son pont s'élèvent six mâts et cinq cheminées. Les trois premiers mâts sur l'avant sont le « fore-gigger » et le « fore-mast, » tous deux mâts de misaines, et le « main-mast, » ou grand mât. Les trois derniers sur l'arrière sont appelés « after-main-mast, mizenne-mast et after-gigger. » Le « fore-mast » et le « main-mast » portent des goëlettes, des huniers et des perroquets. Les quatre autres mâts ne sont gréés que de voiles en pointe ; le tout formant cinq mille quatre cents mètres carrés de surface de voilure, en bonne toile de la fabrique royale d'Édimbourg. Sur les vastes hunes du second et du troisième mât, une compagnie de soldats pourrait manœuvrer à l'aise. De ces six mâts, maintenus par des haubans et des galhaubans métalliques, le second, le troisième et le quatrième sont faits de tôles boulonnées, véritables chefs-d'œuvre de chaudronnerie. A l'étambrai, ils mesurent un mètre dix de diamètre, et le plus grand, le « main-mast, » s'élève à une hauteur de deux cent sept pieds français, qui est supérieure à celle des tours de Notre-Dame.

Quant aux cheminées, deux en avant des tambours desservent la machine à aubes, trois en arrière desservent la machine à hélice; ce sont d'énormes cylindres, hauts de trente mètres cinquante, maintenus par des chaînes frappées sur les rouffles.

A l'intérieur du *Great-Eastern*, l'aménagement de sa vaste coque a été judicieusement compris. L'avant renferme les buanderies à vapeur et le poste de l'équipage. Viennent ensuite un salon de dames et un grand salon décoré de lustres, de lampes à roulis, de peintures recouvertes de glaces. Ces magnifiques pièces reçoivent le jour à travers des claires-voies latérales, supportées sur d'élégantes colonnettes dorées, et elles communiquent avec le pont supérieur par de larges escaliers à marches métalliques et à rampes d'acajou. En abord sont disposés quatre rangs de cabines que sépare un couloir, les unes communiquant par un palier, les autres placées à l'étage inférieur, auxquelles donne accès un escalier spécial. Sur l'arrière, les trois vastes

« dining-rooms » présentaient la même disposition pour les cabines. Des salons de l'avant à ceux de l'arrière, on passait en suivant une coursive dallée qui contourne la machine des roues entre ses parois de tôle et les offices du bord.

Les machines du *Great-Eastern* sont justement considérées comme des chefs-d'œuvre, — j'allais dire des chefs-d'œuvre d'horlogerie. Rien de plus étonnant que de voir ces énormes rouages fonctionner avec la précision et la douceur d'une montre. La puissance nominale de la machine à aubes est de mille chevaux. Cette machine se compose de quatre cylindres oscillants, d'un diamètre de deux mètres vingt six, accouplés par paires, et développant quatre mètres vingt-sept de course au moyen de leurs pistons directement articulés sur les bielles. La pression moyenne est de vingt livres par pouce, environ un kilogramme soixante-seize par centimètre carré, soit une atmosphère deux tiers. La surface de chauffe des quatre chaudières réunies est de sept cent quatre-vingts mètres carrés. Cet « engine-paddle » marche avec un calme majestueux; son excentrique, entraîné par l'arbre de couche, semble s'enlever comme un ballon dans l'air. Il peut donner douze tours de roues par minute, et contraste singulièrement avec la machine de l'hélice, plus rapide, plus rageuse, qui s'emporte sous la poussée de ses seize cents chevaux-vapeur.

Et « engine-screw » compte quatre cylindres fixes,

disposés horizontalement. Ils se font tête deux par deux, et leurs pistons, dont la course est de un mètre vingt-quatre, agissent directement sur l'arbre de l'hélice. Sous la pression produite par ses six chaudières, dont la surface de chauffe est de onze cent soixante-quinze mètres carrés, l'hélice, pesant soixante tonneaux, peut donner jusqu'à quarante-huit révolutions par minute ; mais alors, haletante, pressée, éperdue, cette machine vertigineuse s'emporte, et ses longs cylindres semblent s'attaquer à coups de pistons, comme d'énormes ragots à coups de défenses.

Indépendamment de ces deux appareils, le *Great-Eastern* possède encore six autres machines auxiliaires pour l'alimentation, les mises en train et les cabestans. La vapeur, on le voit, joue à bord un rôle important dans toutes les manœuvres.

Tel est ce steam-ship sans pareil et reconnaissable entre tous. Ce qui n'empêcha pas un capitaine français de porter un jour cette mention naïve sur son livre de bord : « Rencontré navire à six mâts et cinq cheminées. « Supposé *Great-Eastern*. »

VIII

La nuit du mercredi au jeudi fut assez mauvaise. Mon cadre s'agita extraordinairement, et je dus m'accoter des genoux et des coudes contre sa planche de roulis. Sacs et valises allaient et venaient dans ma cabine. Un tumulte insolite emplissait le salon voisin, au milieu duquel deux ou trois cents colis, provisoirement déposés, roulaient d'un bord à l'autre, heurtant avec fracas les bancs et les tables. Les portes battaient, les ais craquaient, les cloisons poussaient ces gémissements particuliers au bois de sape, les verres et les bouteilles s'entrechoquaient dans leurs suspensions mobiles, et des cataractes de vaisselles se précipitaient sur le plancher des offices. J'entendais aussi les ronflements irréguliers de l'hélice et le battement des roues qui, alternativement émergées, frappaient l'air de leurs palettes. A tous ces symptômes, je compris que le vent avait fraîchi et que le steam-ship ne restait plus indifférent aux lames du large qui le prenaient par le travers.

A six heures du matin, après une nuit sans sommeil, je me levai. Cramponné d'une main à mon cadre, de l'autre je m'habillai tant bien que mal. Mais, sans point d'appui, je n'aurais pu tenir debout, et je dus lutter sérieusement avec mon paletot pour l'endosser. Puis je quittai ma cabine, je traversai le salon, m'aidant des pieds et des mains, au milieu de cette houle de colis. Je montai l'escalier sur les genoux comme un paysan romain qui gravit les degrés de la *Scala santa* de Ponce-Pilate, et enfin j'arrivai sur le pont, où je m'accrochai vigoureusement à un taquet de tournage.

Plus de terre en vue. Le cap Clear avait été doublé dans la nuit. Autour de nous cette vaste circonférence tracée par la ligne d'eau sur le fond du ciel. La mer, couleur d'ardoise, se gonflait en longues lames qui ne déferlaient pas. Le *Great-Eastern*, pris par le travers, et qu'aucune voile n'appuyait, roulait effroyablement. Ses mâts, comme de longues pointes de compas, décrivaient dans l'air d'immenses arcs de cercle. Le tangage était peu sensible, j'en conviens, mais le roulis était insoutenable. Impossible de se tenir debout. L'officier de quart, cramponné à la passerelle, semblait balancé dans une escarpolette.

De taquets en taquets, je parvins à gagner le tambour de tribord. Le pont, mouillé par la brume, était très-glissant. Je me préparais donc à m'accoter contre une des épontilles de la passerelle, quand un corps vint rouler à mes pieds.

C'était celui du docteur Dean Pitferge. Mon original se redressa aussitôt sur les genoux, et me regardant:

« C'est bien cela, dit-il. L'amplitude de l'arc décrit par les parois du *Great-Eastern* est de quarante degrés, soit vingt au-dessous de l'horizontale et vingt au-dessus.

— Vraiment! m'écriai-je, riant, non de l'observation, mais des conditions dans lesquelles elle était faite.

— Vraiment, reprit le docteur. Pendant l'oscillation, la vitesse des parois est d'un mètre sept cent quarante-quatre millimètres par seconde. Un transatlantique, qui est moitié moins large, ne met que ce temps à revenir d'un bord sur l'autre.

— Alors, répondis-je, puisque le *Great-Eastern* reprend si vite sa perpendiculaire, c'est qu'il y a excès de stabilité.

— Pour lui, oui, mais non pour ses passagers! répliqua gaîment Dean Pitferge, car eux, vous le voyez, reviennent à l'horizontale, et plus vite qu'ils ne le veulent. »

Le docteur, enchanté de sa répartie, s'était relevé, et, nous soutenant mutuellement, nous pûmes gagner un des bancs de la dunette. Dean Pitferge en était quitte pour quelques écorchures, et je l'en félicitai, car il aurait pu se briser la tête.

« Oh! ce n'est pas fini! me répondit-il, et avant peu, il nous arrivera malheur.

— A nous?

— Au steam-ship, et, par conséquent, à moi, à nous, à tous les passagers.

3.

— Si vous parlez sérieusement, demandai-je, pourquoi vous êtes-vous embarqué à bord?

— Pour voir ce qui arrivera, car il ne me déplairait pas de faire naufrage! répondit le docteur, me regardant d'un air entendu.

— Est-ce la première fois que vous naviguez sur le *Great-Eastern?*

— Non. J'ai déjà fait plusieurs traversées... en curieux.

— Il ne faut pas vous plaindre alors.

— Je ne me plains pas. Je constate les faits, et j'attends patiemment l'heure de la catastrophe. »

Le docteur se moquait-il de moi? Je ne savais que penser. Ses petits yeux me paraissaient bien ironiques Je voulus le pousser plus loin.

« Docteur, lui dis-je, je ne sais sur quels faits reposent vos fâcheux pronostics; mais permettez-moi de vous rappeler que le *Great-Eastern* a déjà franchi vingt fois l'Atlantique, et que l'ensemble de ses traversées a été satisfaisant.

— N'importe! répondit Pitferge. Ce navire « a reçu « un sort » pour employer l'expression vulgaire. Il n'échappera pas à sa destinée. On le sait et on n'a pas confiance en lui. Rappelez-vous quelles difficultés les ingénieurs ont éprouvées pour le lancer. Il ne voulait pas plus aller à l'eau que l'hôpital de Greenwich. Je crois même que Brunnel qui l'a construit, est mort « des suites de l'opération, » comme nous disons en médecine.

— Ah ! çà docteur, repris-je, est-ce que vous seriez matérialiste ?

— Pourquoi cette question ?

— Parce que j'ai remarqué que bien des gens qui ne croient pas en Dieu, croient à tout le reste, même au mauvais œil.

— Plaisantez, monsieur, reprit le docteur, mais laissez-moi continuer mon argumentation. Le *Great-Eastern* a déjà ruiné plusieurs compagnies. Construit pour le transport des émigrants et le trafic des marchandises en Australie, il n'a jamais été en Australie. Combiné pour donner une vitesse supérieure à celle des paquebots transocéaniens, il leur est resté inférieur.

— De là, dis-je, à conclure que....

— Attendez, répondit le docteur. Un des capitaines du *Great-Eastern* s'est déjà noyé, et c'était l'un des plus habiles, car en le tenant à peu près debout à la lame, il savait éviter cet intolérable roulis.

— Eh bien ! dis-je, il faut regretter la mort de cet homme habile, et voilà tout.

— Puis, reprit Dean Pitferge, sans se soucier de mon incrédulité, on raconte des histoires sur ce steamship. On dit qu'un passager qui s'est égaré dans ses profondeurs, comme un pionnier dans les forêts d'Amérique, n'a jamais pu être retrouvé.

— Ah ! fis-je ironiquement, voilà un fait !

— On raconte aussi, reprit le docteur, que, pendant la construction des chaudières, un mécanicien a été soudé, par mégarde, dans la boîte à vapeur.

— Bravo! m'écriai-je. Le mécanicien soudé! *E ben trovato*. Vous y croyez, docteur!

— Je crois, me répondit Pitferge, je crois très-sérieusement que notre voyage a mal commencé et qu'il finira mal.

— Mais le *Great-Eastern* est un bâtiment solide, répliquai-je, et d'une rigidité de construction qui lui permet de résister comme un bloc plein, et de défier les mers les plus furieuses!

— Sans doute, il est solide, reprit le docteur, mais laissez-le tomber dans le creux des lames, et vous verrez s'il s'en relève. C'est un géant, soit, mais un géant dont la force n'est pas en proportion avec la taille. Les machines sont trop faibles pour lui. Avez-vous entendu parler de son dix-neuvième voyage entre Liverpool et New-York?

— Non, docteur.

— Eh bien, j'étais à bord. Nous avions quitté Liverpool, le 10 décembre, un mardi. Les passagers étaient nombreux, et tous pleins de confiance. Les choses allèrent bien, tant que nous fûmes abrités des lames du large par la côte d'Irlande. Pas de roulis, pas de malades. Le lendemain, même indifférence à la mer. Même enchantement des passagers. Le 12, vers le matin, le vent fraîchit. La houle du large nous prit par le travers, et le *Great-Eastern* de rouler. Les passagers, hommes et femmes, disparurent dans les cabines. A quatre heures, le vent soufflait en tempête. Les meubles entrèrent en danse. Une des glaces du grand salon est brisée d'un coup de la tête de votre serviteur. Toute la vaisselle se casse. Un vacarme épouvantable ! Huit embarcations sont arrachées de leur porte-manteaux dans un coup de mer. En ce moment la situation devient grave. La machine des roues a dû être arrêtée. Un énorme morceau de plomb, déplacé par le roulis, menaçait de s'engager dans ses organes. Cependant l'hélice continuait de nous pousser en avant. Bientôt les roues reprennent à demi-vitesse; mais l'une d'elles, pendant son arrêt, a été faussée; ses rayons et ses pales raclent la coque du navire. Il faut arrêter de nouveau la machine et se contenter de l'hélice pour tenir la cape. La nuit fut horrible. La tempête avait redoublé. Le *Great-Eastern* était tombé dans le creux des lames et ne pouvait s'en relever. Au point du jour, il ne restait pas une ferrure des roues. On hissa quelques voiles pour évoluer et remettre le navire debout à la mer. Voiles aussitôt emportées que tendues. La confusion règne partout. Les chaînes-câbles, arrachées de leur puits, roulent d'un bord à l'autre. Un parc à bestiaux est défoncé, et une vache tombe dans le salon des dames à travers l'écoutille. Nouveau malheur ! la mèche du gouvernail se rompt.

On ne gouverne plus. Des chocs épouvantables se font entendre. C'est un réservoir à huile, pesant trois mille kilos, dont les saisines se sont brisées, et qui, balayant l'entrepont, frappe alternativement les flancs intérieurs qu'il va défoncer peut-être ! Le samedi se passe au milieu d'une épouvante générale. Toujours dans le creux des lames. Le dimanche seulement, le vent commence à mollir. Un ingénieur américain, passager à bord, parvint à frapper des chaînes sur le safran du gouvernail. On évolue peu à peu. Le grand *Great-Eastern* se remet debout à la mer, et huit jours après avoir quitté Liverpool, nous rentrions à Queen's town. Or qui sait, monsieur, où nous serons dans huit jours ! »

IX

Il faut l'avouer, le docteur Dean Pitferge n'était pas rassurant. Les passagères ne l'auraient pas entendu sans frémir. Plaisantait-il ou parlait-il sérieusement ? Etait-il vrai qu'il suivît le *Great-Eastern* dans toutes ses traversées pour assister à quelque catastrophe ? Tout est possible de la part d'un excentrique, surtout quand il est Anglais.

Cependant le steam-ship continuait sa route, en roulant comme un canot. Il gardait imperturbablement la ligne loxodromique des bateaux à vapeur. On sait que sur une surface plane, le plus court chemin d'un point à un autre, c'est la ligne droite. Sur une sphère, c'est la ligne courbe formée par la circonférence des grands cercles. Les navires, pour abréger la traversée, ont donc intérêt à suivre cette route. Mais les bâtiments à voiles ne peuvent garder cette ligne, quand ils ont le vent debout. Seuls, les steamers sont maîtres de se maintenir suivant une direction rigoureuse, et ils prennent la route des grands cercles. C'est ce que fit le *Great-Eastern* en s'élevant un peu vers le nord-ouest.

Le roulis continuait. Cet horrible mal de mer, à la fois contagieux et épidémique, faisait de rapides progrès. Quelques passagers, hâves, exsangues, le nez pincé, les joues creuses, les tempes serrées, demeuraient quand même sur le pont pour y humer le grand air. Pour la plupart, ils étaient furieux contre le malencontreux steam-ship qui se comportait comme une véritable bouée, et contre la *Société des Affréteurs*, dont les prospectus portaient que le mal de mer « était inconnu à bord. »

Vers neuf heures du matin, un objet fut signalé à trois ou quatre milles par la hanche de babord. Était-ce une épave, une carcasse de baleine ou une carcasse de navire ? On ne pouvait le distinguer encore. Un groupe de passagers valides réunis sur le rouffle de l'avant, observait ce débris qui flottait à trois cents milles de la côte la plus rapprochée.

Cependant, le *Great-Eastern* avait laissé porter vers l'objet signalé. Les lorgnettes manœuvraient avec ensemble. Les appréciations allaient grand train, et entre ces Américains et ces Anglais pour lesquels tout prétexte à gageure est bon, les enjeux commençaient à monter. Parmi ces parieurs enragés, je remarquai un homme de haute taille, dont la physionomie me frappa par des signes non équivoques d'une profonde duplicité. Cet individu avait un sentiment de haine générale stéréotypé sur ses traits, auquel ne se fussent mépris ni les physionomistes ni les physiologistes, le front plissé par une ride verticale, le regard à la fois audacieux et inattentif, l'œil sec, les sourcils très-rapprochés, les épaules hautes, la tête au vent, enfin tous les indices d'une rare impudence jointe à une rare fourberie. Quel était cet homme? je l'ignorais, mais il me déplut singulièrement. Il parlait haut et de ce ton qui semble contenir une insulte. Quelques acolytes, dignes de lui, riaient à ses plaisanteries de mauvais goût. Ce personnage prétendait reconnaître dans l'épave une carcasse de baleine, et il appuyait son dire de paris importants qui trouvaient immédiatement des teneurs.

Ces paris qui se montèrent à plusieurs centaines de dollars, il les perdit tous. En effet, cette épave était une coque de navire. Le steam-ship s'en approchait rapidement. On pouvait déjà voir le cuivre verdegrisé de sa carêne. C'était un trois-mâts, rasé de sa mâture, et couché sur le flanc. Il devait jauger cinq ou six cents tonneaux. A ses porte-haubans pendaient des cadènes brisées.

Ce navire avait-il été abandonné par son équipage? c'était la question, ou pour employer l'expression anglaise la « great attraction » du moment. Cependant, personne ne se montrait sur cette coque. Peut-être les naufragés s'étaient-ils réfugiés à l'intérieur? Armé de ma lunette, je voyais depuis quelques instants un objet remuer sur l'avant du navire; mais je reconnus bientôt que c'était un reste de foc que le vent agitait.

A la distance d'un demi-mille, tous les détails de cette coque devinrent visibles. Elle était neuve et dans un parfait état de conservation. Son chargement, qui avait glissé sous le vent, l'obligeait à conserver la bande sur tribord. Evidemment, ce bâtiment, engagé dans un moment critique, avait dû sacrifier sa mâture.

Le *Great-Eastern* s'en approcha. Il en fit le tour. Il signala sa présence par de nombreux coups de sifflet. L'air en était déchiré. Mais l'épave demeura muette et inanimée. Dans tout cet espace de mer circonscrit par l'horizon, rien en vue. Pas une embarcation aux flancs du bâtiment naufragé.

L'équipage avait eu sans doute le temps de s'enfuir.

Mais avait-il pu gagner la terre distante de trois cents milles ? De frêles canots pouvaient-ils résister aux lames qui balançaient si effroyablement le *Great-Eastern?* A quelle date d'ailleurs remontait cette catastrophe? Par ces vents régnants, ne fallait-il pas chercher plus loin, dans l'ouest, le théâtre du naufrage? Cette coque ne dérivait-elle pas depuis longtemps déjà sous la double influence des courants et des brises? Toutes ces questions devaient rester sans réponse.

Lorsque le steam-ship rangea l'arrière du navire naufragé, je lus distinctement sur son tableau le nom de *Lérida* ; mais la désignation de son port d'attache n'était pas indiquée. A sa forme, à ses façons relevées, à l'élancement particulier de son étrave, les matelots du bord le déclaraient de construction américaine.

Un bâtiment de commerce, un vaisseau de guerre, n'eût point hésité à amariner cette coque, qui renfermait sans doute une cargaison de prix. On sait que dans ces cas de sauvetage, les ordonnances maritimes attribuent aux sauveteurs le tiers de la valeur. Mais le *Great-Eastern*, chargé d'un service régulier, ne pouvait prendre cette épave à sa remorque pendant des milliers de milles. Revenir sur ses pas pour la conduire au port le plus voisin était également impossible. Il fallut donc l'abandonner au grand regret des matelots, et bientôt ce débris ne fut plus qu'un point de l'espace qui disparut à l'horizon. Le groupe des passagers se dispersa. Les uns regagnèrent leurs salons, les autres leurs cabines, et la trompette du lunch ne parvint même pas à réveiller tous ces endormis, abattus par le mal de mer.

Vers midi, le capitaine Anderson fit installer les deux misaines goëlettes et la misaine d'artimon. Le navire, mieux appuyé, roula moins. Les matelots essayèrent aussi d'établir la brigantine enroulée sur son gui, d'après un nouveau système. Mais le système était « trop nouveau, » sans doute, car on ne put l'utiliser, et cette brigantine ne servit pas de tout le voyage.

X

Malgré les mouvements désordonnés du navire la vie du bord s'organisait. Avec l'Anglo-Saxon, rien de plus simple. Ce paquebot, c'est son quartier, sa rue, sa maison qui se déplacent, et il est chez lui. Le Français au contraire a toujours l'air de voyager, — quand il voyage.

Lorsque le temps le permettait, la foule affluait sur les boulevards. Tous ces promeneurs, qui tenaient leur perpendiculaire malgré les inclinaisons du roulis, avaient l'air d'hommes ivres, chez lesquels l'ivresse eût provoqué au même moment les mêmes allures. Quand les passagères ne montaient pas sur le pont, elles restaient soit dans leur salon particulier, soit dans le grand salon. On entendait alors les tapageuses harmonies qui s'échappaient des pianos. Il faut dire que ces instruments, « très-houleux » comme la mer, n'eussent pas permis au talent d'un Litz de s'exercer purement. Les basses manquaient quand ils se portaient sur bâbord, et les hautes, quand ils penchaient sur tribord. De là, des trous dans l'harmonie ou des vides dans la mélodie, dont ces oreilles saxonnes ne se préoccupaient guère. Entre tous ces virtuoses, je remarquai une grande femme osseuse qui devait être bien bonne musicienne ! En effet, pour faciliter la lecture de son morceau, elle avait marqué toutes les notes d'un numéro et toutes les touches du piano d'un numéro correspondant. La note était-elle côtée vingt sept, elle frappait la touche vingt sept. Était-ce la note cinquante-trois, elle attaquait la note cinquante-trois. Et cela, sans se soucier du bruit qui se faisait autour d'elle, ni des autres pianos résonnant dans les salons voisins, ni des maussades enfants qui venaient à coups de poing écraser des accords sur ses octaves inoccupées !

Pendant ce concert, les assistants prenaient au hasard les livres épars çà et là sur les tables. Un d'eux y rencontrait-il un passage intéressant, il le lisait à voix haute, et ses auditeurs, écoutant avec complaisance, le saluaient d'un murmure flatteur. Quelques journaux traînaient sur les canapés, de ces journaux anglais ou américains, qui ont toujours l'air vieux, bien qu'ils ne soient jamais coupés. C'est une opération incommode que de déployer ces immenses feuillets qui couvriraient une superficie de plusieurs mètres carrés. Mais la mode étant de ne pas couper, on ne coupe pas. Un jour, j'eus la patience de lire le *New-York Hérald* dans ces conditions et de le lire jusqu'au bout. Mais que l'on juge si je fus payé de ma peine en relevant cet entrefilet sous la rubrique « personnal » : M. X... prie la jolie Miss Z... qu'il a rencontrée hier dans l'omnibus de la vingt-cinquième rue, de venir le trouver demain dans la chambre 17 de l'hôtel Saint-Nicolas. Il désirerait causer mariage avec elle. « Qu'a fait la jolie miss Z...? je ne veux même pas le savoir.

Je passai toute cette après-dîner dans le grand salon, observant et causant. La conversation ne pouvait manquer d'être intéressante, car mon ami Dean Pitferge était venu s'asseoir auprès de moi.

« Êtes-vous remis de votre chute? lui demandai-je.

— Parfaitement me répondit-il. Mais cela ne marche pas.

— Qu'est-ce qui ne marche pas ? Vous ?

— Non, notre steam-ship. Les chaudières de l'hélice fonctionnent mal. Nous ne pouvons obtenir assez de pression.

—Vous êtes donc très-désireux d'arriver à New-York?

— Nullement! Je parle en mécanicien, voilà tout.

Je me trouve fort bien ici, et je regretterai sincèrement de quitter cette collection d'originaux que le hasard a réunis à bord.... pour mon plaisir.

— Des originaux ! m'écriai-je, en regardant les passagers qui affluaient dans le salon. Mais tous ces gens-là se ressemblent !

— Bah ! fit le docteur, on voit que vous ne les connaissez guère. L'espèce est la même, j'en conviens, mais dans cette espèce, que de variétés ! Considérez, là-bas, ce groupe d'hommes sans gêne, les jambes étendues sur les divans, le chapeau vissé sur la tête. Ce sont des Yankees, de purs Yankees des petits États du Maine, du Vermont ou du Connecticut, des produits de la Nouvelle-Angleterre, hommes d'intelligence et d'action, un peu trop influencés par les révérends, mais qui ont le tort de ne pas mettre leur main devant leur bouche, quand ils éternuent. Ah ! cher monsieur, ce sont là de vrais Saxons, des natures âpres au gain et habiles donc ! Enfermez deux Yankees dans une chambre, au bout d'une heure, chacun d'eux aura gagné dix dollars à l'autre !

— Je ne vous demanderai pas comment, répondis-je en riant au docteur, mais parmi eux, je vois un petit homme, le nez au vent, une vraie girouette. Il est vêtu d'une longue redingote et d'un pantalon noir un peu court. Quel est ce monsieur ?

— C'est un ministre protestant, un homme *considérable* du Massachussets. Il va rejoindre sa femme, une ex-institutrice très-avantageusement compromise dans un procès célèbre.

— Et cet autre, grand et lugubre, qui paraît absorbé dans ses calculs ?

— Cet homme calcule, en effet, dit le docteur. Il calcule toujours et toujours.

— Des problèmes ?

— Non, sa fortune. C'est un homme *considérable*. A toute heure il sait à un centime près ce qu'il possède. Il est riche. Un quartier de New-York est bâti sur ses terrains. Il y a un quart d'heure, il avait un million six cent vingt-cinq mille trois cent soixante-sept dollars et demi ; mais maintenant, il n'a plus qu'un million six cent vingt-cinq mille trois cent soixante-sept dollars et quart.

— Pourquoi cette différence dans sa fortune ?

— Parce qu'il vient de fumer un cigare de trente sols. »

Le docteur Dean Pitferge avait des réparties si inattendues que je le poussai encore. Il m'amusait. Je lui désignai un autre groupe casé dans une autre partie du salon.

« Ceux-là, me dit-il, ce sont les gens du Far-West. Le plus grand, qui ressemble à un maître-clerc, c'est un homme *considérable*, le gouverneur de la Banque de Chicago. Il a toujours sous le bras un album représentant les principales vues de sa ville bien-aimée. Il en est fier, et avec raison : une ville fondée en 1836 dans un désert, et qui compte aujourd'hui quatre cent mille âmes, y compris la sienne ! Près de lui, vous voyez un couple californien. La jeune femme est délicate et charmante. Le mari, fort décrassé, est un ancien garçon de charrue qui, un beau jour, a labouré des pépites. Ce personnage....

— Est un homme *considérable* dis-je.

— Sans doute, répondit le docteur, car son actif se chiffre par millions.

— Et ce grand individu qui remue toujours la tête du haut en bas, comme un nègre d'horloge ?

— Ce personnage, répondit le docteur, c'est le célèbre Cokburn de Rochester, le statisticien universel, qui a tout pesé, tout mesuré, tout dosé, tout compté. Interrogez ce maniaque inoffensif. Il vous dira ce qu'un homme de cinquante ans a mangé de pain dans sa vie, et le nombre de mètres cubes d'air qu'il a respirés. Il vous dira combien de volumes in-quarto rempliraient les paroles d'un avocat de Temple-Bar, et combien de milles fait journellement un facteur, rien qu'en portant des lettres d'amour. Il vous dira le chiffre des veuves qui passent en une heure sur le pont de Londres, et quelle serait la hauteur d'une pyramide bâtie avec les sandwiches consommées en un an par les citoyens de l'Union. Il vous dira... »

Le docteur, lancé à toute vitesse, eût longtemps continué sur ce ton, mais d'autres passagers défilaient devant nos yeux et provoquaient de nouvelles remarques de l'intarissable docteur. Que de types divers dans cette foule de passagers! Pas un flâneur pourtant, car on ne se déplace pas d'un continent à l'autre sans un motif sérieux. La plupart allaient sans doute chercher fortune sur cette terre américaine, oubliant qu'à vingt ans, un Yankee a fait sa position, et qu'à vingt-cinq, il est déjà trop vieux pour entrer en lutte.

Parmi ces aventuriers, ces inventeurs, ces coureurs de chances, Dean Pitferge m'en montra quelques-uns qui ne laissaient pas d'être intéressants. Celui-ci, un savant chimiste, un rival du docteur Liébig, prétendait avoir trouvé le moyen de condenser tous les éléments nutritifs d'un bœuf dans une tablette de viande grande comme une pièce de cinq francs, et il allait battre monnaie sur les ruminants des Pampas. Celui-là, inventeur du moteur portatif, — un cheval-vapeur dans un boitier de montre, — courait exploiter son brevet dans la Nouvelle-Angleterre. Cet autre, un Français de la rue Chapon, emportait trente mille bébés de carton qui disaient « papa » avec un accent américain très-réussi, et il ne doutait pas que sa fortune ne fût faite.

Et, sans compter ces originaux, que d'autres encore dont on ne pouvait soupçonner les secrets! Peut-être, parmi eux, quelque caissier fuyait-il sa caisse vide, et quelque « détective, » se faisant son ami, n'attendait-il que l'arrivée du *Great-Eastern* à New-York pour lui mettre la main au collet? Peut-être aussi eût-on reconnu dans cette foule quelques-uns de ces lanceurs d'affaires interlopes qui trouvent toujours des actionnaires crédules, même quand ces affaires s'appellent *Compagnie océanienne pour l'éclairage au gaz de la Polynésie*, ou *Société générale des charbons incombustibles*.

Mais, en ce moment, mon attention fut distraite par l'entrée d'un jeune ménage qui semblait être sous l'impression d'un précoce ennui.

« Ce sont des Péruviens, mon cher monsieur, me dit le docteur, un couple marié depuis un an, qui a promené sa lune de miel sur tous les horizons du monde. Ils ont quitté Lima le soir des noces. Ils se sont adorés au Japon, aimés en Australie, supportés en France, disputés en Angleterre, et ils se sépareront sans doute en Amérique !

— Et, dis-je, quel est cet homme de grande taille et de figure un peu hautaine, qui entre en ce moment ? A sa moustache noire, je le prendrais pour un officier.

— C'est un Mormon, me répondit le docteur, un Elder, Mr. Hatch, un des grands prédicateurs de la Cité des Saints. Quel beau type d'homme ! Voyez cet œil fier, cette physionomie digne, cette tenue si différente de celle du Yankee. Mr. Hatch revient de l'Allemagne et de l'Angleterre, où il a prêché le mormonisme avec succès, car cette secte compte, en Europe, un grand nombre d'adhérents, auxquels elle permet de se conformer aux lois de leur pays.

— En effet, dis-je, je pense bien qu'en Europe la polygamie leur est interdite.

— Sans doute, mon cher monsieur, mais ne croyez pas que la polygamie soit obligatoire pour les Mormons. Brigham Young possède un harem, parce que cela lui convient ; mais tous ses adeptes ne l'imitent pas sur les bords du Lac-Salé.

— Vraiment ! Et Mr. Hatch ?

— Mr. Hatch n'a qu'une femme, et il trouve que c'est assez. D'ailleurs, il se propose de nous expliquer son système dans une conférence qu'il fera un soir ou l'autre.

— Le salon sera plein, dis-je.

— Oui, répondit Pitferge, si le jeu ne lui enlève pas trop d'auditeurs. Vous savez que l'on joue dans le rouffle de l'avant. Il y a là un Anglais de figure mauvaise et désagréable, qui me paraît mener ce monde de joueurs. C'est un méchant homme dont la réputation est détestable. L'avez-vous remarqué ? »

Quelques détails ajoutés par le docteur me firent reconnaître l'individu qui, le matin même, s'était signalé par ses paris insensés à propos de l'épave. Mon diagnostic ne m'avait pas trompé. Dean Pitferge m'apprit qu'il se nommait Harry Drake. C'était le fils d'un négociant de Calcutta, un joueur, un débauché, un duelliste, à peu près ruiné, et qui allait probablement en Amérique tenter une vie d'aventures.

« Ces gens-là, ajouta le docteur, trouvent toujours des flatteurs qui les prônent, et celui-ci a déjà son cercle de gredins dont il forme le point central. Parmi eux, j'ai remarqué un petit homme court, figure ronde, nez busqué, grosses lèvres, lunettes d'or, qui doit être un juif allemand mâtiné de bordelais. Il se dit docteur, en route pour Québec, mais je vous le donne pour un farceur de bas étage et un admirateur du Drake. »

En ce moment, Dean Pitferge, qui sautait facilement d'un sujet à un autre, me poussa le coude. Je regardai la porte du salon. Un jeune homme de vingt-deux ans et une jeune fille de dix-sept ans entraient en se donnant le bras.

« Deux nouveaux mariés? demandai-je.

— Non, me répondit le docteur d'un ton à demi attendri, deux vieux fiancés qui n'attendent que leur arrivée à New-York pour se marier. Ils viennent de faire leur tour d'Europe, — avec l'autorisation de la famille, s'entend, — et ils savent maintenant qu'ils sont faits l'un pour l'autre. Braves jeunes gens! c'est plaisir de les regarder! Je les vois souvent penchés sur l'écoutille de la machine, et là, ils comptent les tours de roues, qui ne marchent pas assez vite à leur gré! Ah! monsieur, si nos chaudières étaient chauffées à blanc comme ces deux jeunes cœurs, voilà qui ferait monter la pression! »

XI

Ce jour là, à midi et demi, à la porte du grand salon, un timonier afficha la note suivante :

Lat. 51° 15′ *N.*
Long. 18° 13′ *W.*
Dist. : *Fastenet*, 323 *miles.*

Ce qui signifiait qu'à midi, nous étions à 323 milles du feu de Fastenet, le dernier qui nous fût apparu sur la côte d'Irlande, et par 51° 15′ de latitude nord et 18° 13′ de longitude à l'ouest du méridien de Greenwich. C'était son point que le capitaine faisait ainsi connaître et que chaque jour les passagers lurent à la même place. Ainsi, en consultant cette note et en reportant ces relèvements sur une carte, on pouvait suivre la route de *Great-Eastern*. Jusqu'ici, ce steam-ship n'avait fait que 323 milles en trente-six heures. C'était insuffisant, et un paquebot qui se respecte ne doit pas franchir en vingt-quatre heures moins de 300 milles.

Après avoir quitté le docteur, je passai le reste de la journée avec Fabian. Nous nous étions réfugiés à l'arrière, ce que Pitferge appelait « aller se promener dans les champs. » Là, isolés et appuyés sur le couronnement, nous regardions cette mer immense. De pénétrantes senteurs, distillées dans l'embrun des lames, s'élevaient jusqu'à nous. Les petits arcs-en-ciel, produits par les rayons réfractés, se jouaient à travers l'écume. L'hélice bouillonnait à quarante pieds sous nos yeux, et, quand elle émergeait, ses branches battaient les flots avec plus de furie, en faisant étinceler son cuivre. La mer semblait être une vaste agglomération d'émeraudes liquéfiées. Le cotonneux sillage s'en allait à perte de vue, confondant dans une même voie lactée les bouillonnements de l'hélice et des aubes. Cette blancheur, sur laquelle couraient des dessins plus accentués, m'apparaissait comme une immense voilette de point d'Angleterre jetée sur un fond bleu. Lorsque les mauves, aux ailes blanches festonnées de noir, volaient au-dessus, leur plumage chatoyait et s'éclairait de reflets rapides.

Fabian regardait toute cette magie des flots sans parler. Que voyait-il dans ce liquide miroir qui se prête aux plus étranges caprices de l'imagination? Passait-il, à ses yeux, quelque fugitive image qui lui jetait un adieu suprême? Apercevait-il quelque ombre noyée dans ces remous? Il me parut encore plus triste que d'habitude, et je n'osai pas lui demander la cause de sa tristesse.

Après cette longue séparation qui nous avait éloignés l'un de l'autre, c'était à lui de se confier à moi, à moi d'attendre ses confidences. Il m'avait dit de sa vie passée ce qu'il voulait que j'en apprisse, son existence de garnison dans les Indes, ses chasses, ses aventures; mais sur les émotions qui lui gonflaient le cœur, sur la cause des soupirs qui soulevaient sa poitrine, il se taisait. Sans doute, Fabian n'était pas de ceux qui cherchent à soulager leurs douleurs en les racontant, et il ne devait qu'en souffrir davantage.

Nous restions donc ainsi penchés sur la mer, et, lorsque je me retournais, j'apercevais les grandes roues émergeant tour à tour sous l'action du roulis.

A un certain moment, Fabian me dit :

« Ce sillage est vraiment magnifique, on croirait que les ondulations se plaisent à y tracer des lettres ! Voyez ! des *l*, des *e* ! Est-ce que je me trompe ? Non ! ce sont bien ces lettres ! Toujours les mêmes ! »

L'imagination surexcitée de Fabian voyait dans ce remous ce qu'elle voulait y voir. Mais ces lettres, que pouvaient-elles signifier ? Quel souvenir évoquaient-elles dans le cœur de Fabian ? Celui-ci avait repris sa contemplation silencieuse. Puis, brusquement, il me dit :

« Venez ! venez ! cet abîme m'attire ! »

— Qu'avez-vous, Fabian ? lui demandai-je en lui prenant les deux mains, qu'avez-vous, mon ami ?

— J'ai là, dit-il en pressant sa poitrine, j'ai un mal qui me tuera !

— Un mal ? lui dis-je, un mal sans espoir de guérison ?

— Sans espoir. »

Et sur ce mot, Fabian descendit au salon et rentra dans sa cabine.

XII

Le lendemain samedi, 30 mars, le temps était beau. Brise faible, mer calme. Les feux, activement poussés, avaient fait monter la pression. L'hélice donnait trente-six tours à la minute. La vitesse du *Great-Eastern* dépassait alors douze nœuds.

Le vent avait hâlé le sud. Le second fit établir les deux misaines-goélettes et la misaine d'artimon. Le steam-ship, mieux appuyé, n'éprouvait plus aucun roulis. Par ce beau ciel tout ensoleillé, les rouffles s'animèrent; les dames parurent en toilettes fraîches; les unes se promenaient, les autres s'assirent, — j'allais dire sur les pelouses à l'ombre des arbres; les enfants reprirent leurs jeux interrompus depuis deux jours, et de fringants attelages de bébés circulèrent au grand galop. Avec quelques troupiers en uniforme, les mains dans les poches et le nez au vent, on se serait cru sur une promenade française.

A midi moins un quart, le capitaine Anderson et deux officiers montèrent sur les passerelles. Le temps étant très-favorable aux observations, ils venaient prendre la hauteur du soleil. Chacun d'eux tenait à la main un sextant à lunette, et, de temps en temps, ils visaient l'horizon du sud, vers lequel les miroirs inclinés de leur instrument devaient ramener l'astre du jour.

« Midi, » dit bientôt le capitaine.

Aussitôt, un timonier piqua l'heure à la cloche de la passerelle, et toutes les montres du bord se réglèrent sur ce soleil dont le passage au méridien venait d'être relevé.

Une demi-heure après, on affichait l'observation suivante :

Lat. 51° 10′ *N.*
Long. 24° 13′ *W.*
Course : 227 *miles. Distance :* 550.

Nous avions donc fait deux cent vingt-sept milles depuis la veille, à midi. Il était en ce moment une heure quarante-neuf minutes à Greenwich, et le *Great-Eastern* se trouvait à cent cinquante-cinq milles de Fastenet.

Je ne vis pas Fabian de toute cette journée. Plusieurs fois, inquiet de son absence, je m'approchai de sa cabine, et je m'assurai qu'il ne l'avait pas quittée.

Cette foule qui encombrait le pont devait lui déplaire. Évidemment, il fuyait ce tumulte et recherchait l'isolement. Mais je rencontrai le capitaine Corsican, et, pendant une heure, nous nous promenâmes sur les dunettes. Il fut souvent question de Fabian. Je ne pus m'empêcher de raconter au capitaine ce qui s'était passé la veille entre le capitaine Mac Elwin et moi.

« Oui, me répondit Corsican avec une émotion qu'il ne cherchait point à déguiser, voilà deux ans, Fabian avait le droit de se croire le plus heureux des hommes, et maintenant il en est le plus malheureux ! »

Archibald Corsican m'apprit, en quelques mots, que Fabian avait connu à Bombay une jeune fille charmante, miss Hodges. Il l'aimait, il en était aimé. Rien ne semblait s'opposer à ce qu'un mariage unît miss Hodges et le capitaine Mac Elwin, quand la jeune fille, du consentement de son père, fut recherchée par le fils d'un négociant de Calcutta. C'était une affaire, oui, « une affaire » arrêtée de longue date. Hodges, homme positif, dur, peu accessible aux sentiments, se trouvait alors dans une situation délicate vis-à-vis de son correspondant de Calcutta. Ce mariage pouvait arranger bien des choses, et il sacrifia le bonheur de sa fille aux intérêts de sa fortune. La pauvre enfant ne put résister. On mit sa main dans la main d'un homme qu'elle n'aimait pas, qu'elle ne pouvait pas aimer, et qui vraisemblablement ne l'aimait pas lui-même. Pure affaire, mauvaise affaire et déplorable action. Le mari emmena sa femme le lendemain du mariage, et depuis lors, Fabian, fou de douleur, malade à en mourir, n'avait jamais revu celle qu'il aimait toujours.

Ce récit achevé, je compris qu'en effet le mal dont souffrait Fabian était grave.

« Comment se nommait cette jeune fille? demandai-je au capitaine Archibald.

— Ellen Hodges, » me répondit-il.

Ellen! Ce nom m'expliquait les lettres que Fabian avait cru voir hier dans le sillage du navire.

« Et comment s'appelle le mari de cette pauvre femme? dis-je au capitaine.

— Harry Drake.

— Drake! m'écriai-je, mais cet homme est à bord!

— Lui! Ici! répéta Corsican, m'arrêtant de la main et me regardant en face.

— Oui, répétai-je, à bord.

— Fasse le ciel, dit gravement le capitaine, que Fabian et lui ne se rencontrent pas! Heureusement, ils ne se connaissent ni l'un ni l'autre, ou, du moins, Fabian ne connaît pas Harry Drake. Mais ce nom prononcé devant lui suffirait à provoquer une explosion! »

Je racontai alors au capitaine Corsican ce que je savais sur le compte d'Harry Drake, c'est-à-dire ce que m'en avait appris le docteur Dean Pitferge. Je lui dépeignis tel qu'il était, cet aventurier, insolent et tapageur, déjà ruiné par le jeu et les débauches, et prêt à tout faire pour ressaisir la fortune. En ce moment, Harry Drake passa près de nous. Je le montrai au capitaine. Les yeux de Corsican s'animèrent soudain. Il eut un geste de colère que j'arrêtai.

« Oui, me dit-il, c'est bien là une physionomie de coquin. Mais où va-t-il ?

— En Amérique, dit-on, pour demander au hasard ce qu'il ne veut pas demander au travail.

— Pauvre Ellen ! murmura le capitaine. Où est-elle en ce moment ?

— Peut-être ce misérable l'a-t-il abandonnée ?

— Pourquoi ne serait-elle pas à bord ? » dit Corsican en me regardant.

Cette idée traversa mon esprit pour la première fois, mais je la repoussai. Non. Ellen n'était pas, ne pouvait pas être à bord. Elle n'eût pas échappé au regard inquisiteur du docteur Pitferge. Non ! Elle n'accompagnait pas Drake pendant cette traversée !

« Puissiez-vous dire vrai, monsieur, me répondit le capitaine Corsican, car la vue de cette pauvre victime, réduite à tant de misère, porterait un coup terrible à Fabian. Je ne sais ce qui arriverait. Fabian est homme à tuer Drake comme un chien. En tout cas, puisque vous êtes l'ami de Fabian, comme je le suis moi-même, je vous demanderai une preuve de cette amitié. Ne le perdons jamais de vue, et, le cas échéant, que l'un de nous soit toujours prêt à se jeter entre son rival et lui. Vous le comprenez, une rencontre par les armes ne peut avoir lieu entre ces deux hommes. Ici, hélas ! ni même ailleurs, une femme ne peut épouser le meurtrier de son mari, si indigne qu'ait été ce mari. »

Je compris le raisonnement du capitaine Corsican.

Fabian ne pouvait pas être son propre justicier. C'était prévoir de bien loin les événements à venir! Et cependant, ce peut-être, ce contingent des choses humaines, pourquoi n'en pas tenir compte? Mais un pressentiment m'agitait. Serait-il possible que, dans cette existence commune du bord, dans ce coudoiement de chaque jour, la personnalité bruyante de Drake échappât à Fabian? Un incident, un détail, un nom prononcé, un rien, ne les mettrait-il pas fatalement l'un en présence de l'autre? Ah! que j'aurais voulu hâter la marche de ce steam-ship qui les portait tous deux! Avant de quitter le capitaine Corsican, je lui promis de veiller sur notre ami et d'observer Drake, qu'il s'engagea de son côté à ne pas perdre de vue. Puis, il me serra la main, et nous nous séparâmes.

Vers le soir, le vent du sud-ouest condensa quelques brumes sur l'océan. L'obscurité était grande. Les salons, brillamment éclairés, contrastaient avec ces ténèbres profondes. On entendait les valses et les romances retentir tour à tour. Des applaudissements frénétiques les accueillaient invariablement, et les hurrahs eux-mêmes ne manquèrent pas, quand ce farceur de T..., s'étant mis au piano, y « siffla » des chansons avec l'aplomb d'un cabotin.

XIII

Le lendemain, 31 mars, était un dimanche. Comment se passerait ce jour à bord ? Serait-ce le dimanche anglais ou américain, qui ferme les « taps » et les « bars » pendant l'heure des offices ; qui retient le couteau du boucher sur la tête de sa victime ; qui arrête la pelle du boulanger sur le seuil du four ; qui suspend les affaires ; qui éteint le foyer des usines et condense la fumée des fabriques ; qui ferme les boutiques, ouvre les églises et enraye le mouvement des trains sur les rails-roads, contrairement à ce qui se fait en France ? Oui, il en devait être ainsi, ou à peu près.

Et, d'abord, pour l'observance dominicale, bien que le temps fût magnifique et le vent favorable, le capitaine ne fit point hisser les voiles. On y aurait gagné quelques nœuds, mais c'eût été « improper. » Je m'estimai fort heureux que l'on permît aux roues et à l'hélice d'opérer leurs révolutions quotidiennes. Et quand je demandai la raison de cette tolérance à un farouche puritain du bord :

« Monsieur, me répondit-il gravement, il faut respecter ce qui vient directement de Dieu. Le vent est dans sa main, la vapeur est dans la main des hommes! »

Je voulus bien me contenter de cette raison, et j'observai ce qui se passait à bord.

Tout l'équipage était en grande tenue et vêtu avec une extrême propreté. On ne m'eût pas étonné en me disant que les chauffeurs travaillaient en habit noir. Les officiers et les ingénieurs portaient leur plus bel uniforme à boutons d'or. Les souliers reluisaient d'un éclat britannique et rivalisaient avec l'intense irradiation des casquettes cirées. Tous ces braves gens semblaient chaussés et coiffés d'étoiles. Le capitaine et son second donnaient l'exemple, et gantés de frais, boutonnés militairement, luisants et parfumés, ils se promenaient sur les passerelles en attendant l'heure de l'office.

La mer était magnifique et resplendissait sous les premiers rayons du printemps. Aucune voile en vue. Le *Great-Eastern* occupait seul le centre mathématique de cet immense horizon. A dix heures, la cloche du bord tinta lentement et à intervalles réguliers. Le sonneur, un timonier en grande tenue, obtenait de cette cloche une sorte de sonorité religieuse, et non plus ces éclats métalliques dont elle accompagnait le sifflet des chaudières, quand le steam-ship naviguait au milieu des brumes. On cherchait involontairement du regard le clocher du village qui vous appelait à la messe.

En ce moment, de nombreux groupes apparurent aux portes des capots de l'avant et de l'arrière. Hommes, femmes, enfants, s'étaient soigneusement habillés pour la circonstance. Les boulevards furent bientôt remplis. Les promeneurs échangeaient entre eux des saluts discrets. Chacun tenait à la main son livre de prières, et tous attendaient que les derniers tintements eussent annoncé le commencement de l'office. En ce moment, je vis passer un monceau de Bibles, entassées sur le plateau qui servait ordinairement aux sandwiches. Ces Bibles furent distribuées sur les tables du temple.

Le temple, c'était la grande salle à manger, formée par le rouffle de l'arrière, et qui, extérieurement rappelait par sa longueur et sa régularité l'hôtel du Ministère des Finances sur la rue de Rivoli. J'entrai. Les fidèles « attablés » étaient déjà nombreux. Un profond silence régnait dans l'assistance. Les officiers occupaient le chevet du temple. Au milieu d'eux, le capitaine Anderson trônait comme un pasteur. Mon ami Dean Pitferge s'était placé près de moi. Ses petits yeux ardents couraient sur toute cette assemblée. Il était là, j'ose le croire, plutôt en curieux qu'en fidèle.

A dix heures et demie, le capitaine se leva et commença l'office. Il lut en anglais un chapitre de l'Ancien-Testament, le dixième de l'Exode. Après chaque verset, les assistants murmuraient le verset suivant.

On entendait distinctement le soprano aigu des enfants et le mezzo-soprano des femmes se détachant sur le baryton des hommes. Ce dialogue biblique dura une demi-heure environ. Cette cérémonie, très-simple et très-digne à la fois, s'accomplissait avec une gravité toute puritaine, et le capitaine Anderson, le « maître après Dieu », faisant les fonctions de ministre à bord, au milieu de cet immense océan, et parlant à cette foule suspendue sur un abîme, avait droit au respect même des plus indifférents. Si l'office s'était borné à cette lecture, c'eût été bien ; mais au capitaine succéda un orateur, qui ne pouvait manquer d'apporter la passion et la violence là où devaient régner la tolérance et le recueillement.

C'était le révérend dont il a été question, ce petit homme remuant, cet intrigant Yankee, un de ces ministres dont l'influence est si grande dans les États de la Nouvelle Angleterre. Son sermon était tout préparé, et l'occasion étant bonne, il voulait l'utiliser. L'aimable Yorick n'en eût-il pas fait autant ? Je regardai le docteur Pitferge. Le docteur Pitferge ne sourcilla pas, et sembla disposé à essuyer le feu du prédicateur.

Celui-ci boutonna gravement sa redingote noire, posa son chapeau de soie sur la table, tira son mouchoir avec lequel il toucha légèrement ses lèvres, et enveloppant l'assemblée d'un regard circulaire :

« Au commencement, dit-il, Dieu créa l'Amérique en six jours et se reposa le septième.

Là dessus, moi, je gagnai la porte.

XIV

Pendant le lunch, Dean Pitferge m'apprit que le révérend avait admirablement développé son texte. Les monitors, les béliers de guerre, les forts cuirassés, les torpilles sous-marines, tous ces engins avaient manœuvré dans son discours. Lui-même, il s'était fait grand de toute la grandeur de l'Amérique. S'il plaît à l'Amérique d'être prônée ainsi, je n'ai rien à dire.

En rentrant au grand salon, je lus la note suivante :

Lat. 50° 8′ *N.*
Long. 30° 44′ *W.*
Course . 255 *miles.*

Toujours le même résultat. Nous n'avions encore fait que onze cents milles, en comprenant les trois cent dix milles qui séparent Fastenet de Liverpool. Environ le tiers du voyage. Pendant toute la journée, officiers, matelots, passagers et passagères, continuèrent de se reposer « comme le Seigneur après la création de l'Amérique. » Pas un piano ne résonna dans les salons silencieux. Les échecs ne quittèrent pas leur boîte, ni les cartes leur étui. Le salon de jeu demeura désert. J'eus l'occasion, ce jour là, de présenter le docteur Pitferge au capitaine Corsican. Mon original amusa beaucoup le capitaine en lui racontant la chronique secrète du *Great-Eastern*. Il tint à lui prouver que c'était un navire condamné, ensorcelé, auquel il arriverait fatalement malheur. La légende du « mécanicien soudé » plut beaucoup à Corsican, qui, en sa qualité d'Écossais, était grand amateur du merveilleux, mais il ne put, cependant, retenir un sourire d'incrédulité.

« Je vois, répondit le docteur Pitferge que le capitaine ne croit pas beaucoup à mes légendes?

— Beaucoup!... c'est beaucoup dire! répliqua Corsican.

— Me croirez-vous davantage, capitaine, demanda le docteur d'un ton plus sérieux, si je vous atteste que ce navire est hanté pendant la nuit?

— Hanté! s'écria le capitaine. Comment! Voici les revenants qui s'en mêlent? Et vous y croyez.

— Je crois, répondit Pitferge, je crois ce que racontent des personnes dignes de foi. Or, je tiens des officiers de quart et de quelques matelots, unanimes sur ce point, que pendant les nuits profondes, une ombre, une forme vague, se promène sur le navire. Comment y vient-elle? on ne sait. Comment disparaît-elle? on ne le sait pas davantage.

— Par Saint Dunstan! s'écria le capitaine Corsican, nous la guetterons ensemble.

— Cette nuit? demanda le docteur.

— Cette nuit, si vous voulez. Et vous, monsieur, ajouta le capitaine, en se retournant vers moi, nous tiendrez-vous compagnie?

— Non, dis-je, je ne veux point troubler l'incognito de ce fantôme. D'ailleurs, j'aime mieux penser que notre docteur plaisante.

— Je ne plaisante point, répondit l'entêté Pitferge.

— Voyons, docteur, dis-je. Est-ce que vous croyez sérieusement aux morts qui reviennent sur le pont des navires?

— Je crois bien aux morts qui ressuscitent, répondit le docteur, et cela est d'autant plus étonnant, que je suis médecin.

— Médecin! fit le capitaine Corsican, en se reculant comme si ce mot l'eût inquiété.

— Rassurez-vous, capitaine, répondit le docteur, souriant d'un air aimable, je n'exerce pas en voyage! »

XV

Le lendemain, premier jour d'avril, l'océan avait un aspect printanier. Il verdissait comme une prairie sous les premiers rayons du soleil. Ce lever d'avril sur l'Atlantique fut superbe. Les lames se déroulaient voluptueusement, et quelques marsouins bondissaient comme des clowns dans le laiteux sillage du navire.

Lorsque je rencontrai le capitaine Corsican, il m'apprit que le revenant annoncé par le docteur n'avait point jugé à propos d'apparaître. La nuit, sans doute, n'avait pas été assez sombre pour lui. L'idée me vint alors que c'était une mystification de Pitferge, autorisée par ce premier jour d'avril, car en Amérique et en Angleterre comme en France, cette coutume est fort suivie. Mystificateurs et mystifiés ne manquèrent pas. Les uns riaient, les autres se fâchaient. Je crois même que quelques coups de poing furent échangés, mais, entre Saxons, ces coups de poing ne finissent jamais par des coups d'épée. On sait, en effet, qu'en Angleterre, le duel entraîne des peines très-sévères. Officiers et soldats n'ont pas même la permission de se battre, sous quelque prétexte que ce soit. Le meurtrier est condamné aux peines afflictives et infamantes les plus graves, et je me rappelle que le docteur me cita le nom d'un officier qui est au bagne depuis dix ans pour avoir blessé mortellement son adversaire dans une rencontre très-loyale, cependant. On comprend donc qu'en présence de cette loi excessive, le duel ait complétement disparu des mœurs britanniques.

Par ce beau soleil, l'observation de midi fût très-bonne. Elle donna en latitude 48° 47′, en longitude 36° 48′, et comme parcours deux cent cinquante milles seulement. Le moins rapide des transatlantiques aurait eu le droit de nous offrir une remorque. Cela contrariait fort le capitaine Anderson. L'ingénieur attribuait le manque de pression à l'insuffisante ventilation des nouveaux foyers. Moi, je pensais que ce défaut de marche provenait surtout des roues dont le diamètre avait été imprudemment diminué.

Cependant, ce jour là, vers deux heures, une amélioration se produisit dans la vitesse du steam-ship. Ce fut l'attitude des deux jeunes fiancés qui me révéla ce changement. Appuyés près des bastingages de tribord, ils murmuraient quelques joyeuses paroles et battaient des mains. Ils regardaient en souriant les tuyaux d'échappement qui s'élevaient le long des cheminées du *Great-Eastern*, et dont l'orifice se couronnait d'une légère vapeur blanche. La pression avait monté dans les chaudières de l'hélice, et le puissant agent forçait ses soupapes qu'un poids de vingt et une livres par pouce carré ne pouvait plus maintenir. Ce n'était encore qu'une faible expiration, une vague haleine, un souffle, mais nos jeunes gens la buvaient du regard. Non ! Denis Papin ne fut pas plus heureux, quand il vit la vapeur soulever à demi le couvercle de sa célèbre marmite !

« Elles fument ! Elles fument ! s'écria la jeune miss, tandis qu'une légère vapeur s'échappait aussi de ses lèvres entr'ouvertes.

— Allons voir la machine ! » répondit le jeune homme en pressant sous son bras le bras de sa fiancée.

Dean Pitferge m'avait rejoint. Nous suivîmes l'amoureux couple jusque sur le grand rouffle.

« Que c'est beau ! la jeunesse, » me répétait-il.

— Oui, disais-je, la jeunesse à deux ! »

Bientôt, nous aussi nous étions penchés sur l'écoutille de la machine à hélice. Là, au fond de ce vaste puits, à soixante pieds sous nos yeux, nous apercevions les quatre longs pistons horizontaux qui se précipitaient l'un vers l'autre, en s'humectant à chaque mouvement d'une goutte d'huile lubréfiante.

Cependant, le jeune homme avait tiré sa montre, et la jeune fille, penchée sur son épaule, suivait la trotteuse qui mesurait les secondes. Tandis qu'elle la regardait, son fiancé comptait les tours d'hélice.

« Une minute ! dit-elle.

— Trente-sept tours ! répondit le jeune homme.

— Trente-sept tours et demi, fit observer le docteur qui avait contrôlé l'opération.

— Et demi! s'écria la jeune miss. Vous l'entendez, Edward! Merci, monsieur, » ajouta-t-elle en adressant au digne Pitferge son plus aimable sourire.

XVI

En rentrant dans le grand salon, je vis ce programme affiché à la porte :

THIS NIGHT

FIRST PART

Ocean Time	Mr. Mac Alpine.
Song : *Beautiful isle of the sea*	Mr. Ewing.
Reading.	Mr. Affleet.
Piano solo : *Chant du Berger.*	Mrs. Alloway.
Scotch song.	Docteur T...

Intermission of ten minutes.

PART SECOND.

P'ano solo.	*Mr. Paul V....*
Burlesque. *Lady of Lyon.*	*Doctor T...*
Entertainment.	*Sir James Anderson.*
Song : *Hoppy moment.*	*Mr. Norville.*
Song : *Your remember.*	*Mr. Ewing.*

FINALE.

God save the Queen.

C'était, on le voit, un concert complet, avec première partie, entr'acte, seconde partie et finale. Cependant, paraît-il, quelque chose manquait à ce programme, car j'entendis murmurer derrière moi :

« Bon ! Pas de Mendelsohn ! »

Je me retournai. C'était un simple steward qui protestait ainsi contre l'omission de sa musique favorite.

Je remontai sur le pont, et je me mis à la recherche de Mac Elwin. Corsican venait de m'apprendre que Fabian avait quitté sa cabine, et je voulais, sans l'importuner toutefois, le tirer de son isolement. Je le rencontrai sur l'avant du steam-ship. Nous causâmes pendant quelque temps, mais il ne fit aucune allusion à sa vie passée. A de certains moments, il restait muet et pensif, absorbé en lui-même, ne m'entendant plus, et pressant sa poitrine comme pour y comprimer un spasme douloureux. Pendant que nous nous promenions ensemble, Harry Drake nous croisa à plusieurs reprises. Toujours le même homme, bruyant et gesticulant, gênant comme serait un moulin en mouvement dans une salle de danse ! Me trompai-je ? je ne saurais le dire, car mon esprit était prévenu, mais il me sembla qu'Harry Drake observait Fabian avec une certaine insistance. Fabian dut s'en apercevoir, car il me dit :

« Quel est cet homme ?

— Je ne sais, répondis-je.

— Il me déplaît ! » ajouta Fabian.

Mettez deux navires en pleine mer, sans vent, sans courant, et ils finiront par s'accoster. Jetez deux planètes immobiles dans l'espace, et elles tomberont l'une sur l'autre. Placez deux ennemis au milieu d'une foule, et ils se rencontreront inévitablement. C'est fatal. Une question de temps, voilà tout.

Le soir arrivé, le concert eut lieu selon le programme. Le grand salon, rempli d'auditeurs, était brillamment éclairé. A travers les écoutilles entr'ouvertes passaient les larges figures basanées et les grosses mains noires des matelots. On eût dit des masques engagés dans les volutes du plafond. L'entrebâillement des portes fourmillait de stewards. La plupart des spectateurs, hommes et femmes, étaient assis, en abord, sur les divans latéraux, et au milieu, sur les fauteuils, les pliants et les chaises. Tous faisaient face au piano fortement boulonné entre les deux portes qui s'ouvraient sur le salon des dames. De temps en temps, un mouvement de roulis agitait l'assistance; les chaises et les pliants glissaient; une sorte de houle donnait une même ondulation à toutes ces têtes; on se cramponnait les uns aux autres, silencieusement, sans plaisanter. Mais, en somme, pas de chute à craindre, grâce au tassement.

On débuta par l'*Ocean-Time*. L'*Ocean-Time* était un journal quotidien, politique, commercial et littéraire, que certains passagers avaient fondé pour les besoins du bord. Américains et Anglais prisent fort ce genre de passe-temps. Ils rédigent leur feuille pendant la journée. Disons que si les rédacteurs ne sont pas difficiles sur la qualité des articles, les lecteurs ne le sont pas davantage. On se contente de peu, et même de « pas assez. »

Ce numéro du 1ᵉʳ avril contenait un premier *Great-Eastern* assez pâteux sur la politique générale, des faits divers qui n'auraient pas déridé un Français, des cours de bourse peu drôles, des télégrammes fort naïfs, et quelques pâles nouvelles à la main. Après tout, ces sortes de plaisanteries ne charment guère que ceux qui les font. L'honorable Mac-Alpine, un Américain dogmatique, lut avec conviction ces élucubrations peu plaisantes, au grand applaudissement des spectateurs, et il termina sa lecture par les nouvelles suivantes:

— On annonce que le président Johnson a abdiqué en faveur du général Grant.

— On donne comme certain que le pape Pie IX a désigné le Prince Impérial pour son successeur.

— On dit que Fernand Cortez vient d'attaquer en contrefaçon l'Empereur Napoléon III pour sa conquête du Mexique.

Quand l'*Océan Time* eut été suffisamment applaudi, l'honorable Mr. Ewing, un ténor fort joli garçon, soupira *la Belle île de la mer*, avec toute la rudesse d'un gosier anglais.

Le « reading » la lecture, me parut avoir un attrait contestable. Ce fut tout simplement un digne Texien qui lut deux ou trois pages d'un livre dont il avait commencé la lecture à voix basse, et qu'il continua à voix haute. Il fut très-applaudi.

Le *chant du berger* pour piano solo, par Mrs. Alloway, une Anglaise qui jouait « en blond mineur, » eût dit Théophile Gautier, et une farce écossaise du docteur T.... terminèrent la première partie du programme.

Après dix minutes d'un entracte pendant lequel aucun auditeur ne consentit à quitter sa place, la seconde partie du concert commença. Le français Paul V.... fit entendre deux charmantes valses, inédites, qui furent applaudies bruyamment. Le docteur du bord, un jeune homme brun, fort suffisant, récita une scène burlesque, sorte de parodie de la *Dame de Lyon*, drame très à la mode en Angleterre.

Au « burlesque » succéda « l'entertainment ». Que préparait sous ce nom sir James Anderson ? Était-ce une conférence ou un sermon ? Ni l'un ni l'autre. Sir James Anderson se leva, toujours souriant, tira un jeu de cartes de sa poche, retroussa ses manchettes blanches et fit des tours dont sa grâce rachetait la naïveté. Hurrahs et applaudissements.

Après le *Happy moment* de Mr. Norville et le *Your remember* de Mr. Ewing, le programme annonçait le *God save the Queen*. Mais, quelques Américains prièrent Paul V...., en sa qualité de Français, de leur jouer le chant national de la France. Aussitôt, mon docile compatriote de commencer l'inévitable *Partant pour la Syrie*. Réclamations énergiques d'un groupe de Nordistes qui voulaient entendre *la Marseillaise*. Et, sans se faire prier, l'obéissant pianiste, avec une condescendance qui dénotait plus de facilité musicale que de convictions politiques, attaqua vigoureusement le chant de Rouget de l'Isle. Ce fut le grand succès du concert. Puis, l'assemblée, debout, entonna lentement ce cantique national qui « prie Dieu de conserver la reine. »

En somme, cette soirée valait ce que valent les soirées d'amateurs, c'est-à-dire qu'elle eut surtout du succès pour les auteurs et leurs amis. Fabian ne s'y montra pas.

XVII

Pendant la nuit du lundi au mardi, la mer fut très-houleuse. Les cloisons recommencèrent leurs gémissements et les colis reprirent leur course à travers les salons. Lorsque je montai sur le pont, vers sept heures du matin, la pluie tombait. Le vent vint à fraîchir. L'officier de quart fit serrer les voiles. Le steam-ship, n'étant plus appuyé, roula prodigieusement. Pendant cette journée du 2 avril, le pont resta désert. Les salons eux-mêmes étaient abandonnés. Les passagers s'étaient réfugiés dans les cabines, et les deux tiers des convives manquèrent au lunch et au dîner. Le whist fut impossible, car les tables fuyaient sous la main des joueurs. Les échecs étaient impraticables. Quelques intrépides, étendus sur les canapés, lisaient ou dormaient. Autant valait braver la pluie sur le pont. Là, les matelots vêtus de surouest et de casaques cirées se promenaient philosophiquement. Le second, juché sur la passerelle, bien enveloppé de son caoutchouc, faisait le quart. Sous cette averse, au milieu de ces rafales, ses petits yeux brillaient de plaisir. Il aimait cela, cet homme, et le steam-ship roulait à son gré !

Les eaux du ciel et de la mer se confondaient dans la brume à quelques encâblures du navire. L'atmosphère était grise. Quelques oiseaux passaient en criant à travers cet humide brouillard. A dix heures, par tribord devant, on signala un trois-mats-barque qui courait vent arrière ; mais sa nationalité ne put être reconnue.

Vers onze heures, le vent mollit et tourna de deux quarts. La brise hâla le nord-ouest. La pluie cessa presque subitement. L'azur du ciel se montra à travers quelques trouées de nuages. Le soleil apparut dans une éclaircie et permit de faire une observation plus ou moins parfaite. La notice porta les chiffres suivants :

Lat. 46° 29′ *N.*
Long. 42° 25′ *W.*
Distance : 256 *miles*

Ainsi donc, bien que la pression eût monté dans les chaudières, la vitesse du navire ne s'était pas accrue. Mais il fallait en accuser le vent d'ouest, qui, prenant le steam-ship debout, devait considérablement retarder sa marche.

A deux heures, le brouillard s'épaissit de nouveau. La brise retombait et fraîchissait à la fois. L'opacité des brumes était si intense, que les officiers postés sur les passerelles, ne voyaient plus les hommes à l'avant du navire. Ces vapeurs accumulées sur les flots constituent le plus grand danger de la navigation; elles causent des abordages impossibles à éviter, et l'abordage en mer est plus à craindre encore que l'incendie.

Aussi, au milieu des brumes, officiers et matelots veillaient avec le plus grand soin, surveillance qui ne fut pas inutile, car, subitement, vers trois heures, un trois-mâts apparut à moins de deux cents mètres du *Great-Eastern*, ses voiles masquées par une saute de vent, ne gouvernant plus. Le *Great Eastern* évolua à temps et l'évita, grâce à la promptitude avec laquelle les hommes de quart l'avaient signalé au timonier. Ces signaux, fort bien réglés, se faisaient au moyen d'une cloche disposée sur la dunette de l'avant. Un coup signifiait : navire devant. Deux coups : navire par tribord. Trois coups : navire par babord. Et aussitôt l'homme de barre gouvernait de manière à éviter l'abordage.

Le vent fraîchit jusqu'au soir. Cependant le roulis diminua, parce que la mer, déjà couverte au large par les hauts fonds de Terre-Neuve, ne pouvait se faire. Aussi, un nouvel « entertainment » de sir James Anderson fut-il annoncé pour ce jour-là. A l'heure dite, les salons se remplirent. Mais cette fois il ne s'agissait plus de tours de cartes. James Anderson raconta l'histoire de ce câble transatlantique qu'il avait posé lui-même. Il montra des épreuves photographiques représentant les divers engins inventés pour l'immersion. Il fit circuler le modèle des épissures qui servirent au rajustement des morceaux du câble. Enfin, il mérita très-justement les trois hurrahs qui accueillirent sa conférence, et dont une grande part revint au promoteur de cette entreprise, l'honorable Cyrus Field, présent à cette soirée.

XVIII

Le lendemain, 3 avril, dès les premières heures du jour, l'horizon offrait cette teinte particulière que les Anglais appellent « blinck ». C'était une réverbération blanchâtre qui annonçait des glaces peu éloignées. En effet, le *Great-Eastern* naviguait alors dans ces parages où flottent les premiers ice-bergs, détachés de la banquise, qui sortent du détroit de Davis. Une surveillance spéciale fut organisée pour éviter les rudes attouchements de ces énormes blocs.

Il ventait alors une très-forte brise de l'ouest. Des lambeaux de nuages, véritables haillons de vapeurs, balayaient la surface de la mer. A travers leurs trous, on distinguait l'azur du ciel. Un sourd clapotis sortait des vagues échevelées par le vent, et les gouttes d'eau pulvérisées s'en allaient en écume.

Ni Fabian, ni le capitaine Corsican, ni le docteur Pitferge n'étaient encore montés sur le pont. Je me dirigeai vers l'avant du navire. Là, le rapprochement des parois formait un angle confortable, une sorte de retraite, dans laquelle un ermite se fût volontiers retiré du monde. Je m'accotai dans ce coin, assis sur une claire-voie, mes pieds reposant sur une énorme poulie. Le vent, prenant le navire debout et butant contre l'étrave, passait par dessus ma tête sans l'effleurer. La place était bonne pour y rêver. De là, mes regards embrassaient toute l'immensité du navire. Je pouvais suivre ses longues lignes légèrement tonturées qui se relevaient vers l'arrière. Au premier plan, un gabier, accroché dans les haubans de misaine, se tenait d'une main et travaillait de l'autre avec une adresse remarquable. Au-dessous, sur le rouffle, se promenait le matelot de quart, allant et venant, les jambes écartées, et jetant un regard clair à travers ses paupières éraillées par les embruns. En arrière, sur les passerelles, j'entrevoyais un officier qui, le dos rond, la tête encapuchonnée, résistait aux assauts du vent. De la mer je ne distinguais rien, si ce n'est une petite ligne d'horizon bleuâtre, tracée en arrière des tambours. Emporté par ses puissantes machines, le steam-ship, tranchant les flots de son étrave aiguë, frissonnait comme les flancs d'une chaudière dont les feux sont activement poussés.

Quelques tourbillons de vapeur, arrachés par cette brise qui les condensait avec une extrême rapidité, se tordaient à l'extrémité des tuyaux d'échappement. Mais le colossal navire, debout au vent et porté sur trois lames, ressentait à peine les agitations de cette mer, sur laquelle, moins indifférent aux ondulations, un transatlantique eût été secoué par les coups de tangage.

A midi et demi, le point affiché ne donna en latitude que 44° 53' nord, et en longitude 47° 6' ouest. Deux cent vingt-sept milles seulement depuis vingt-quatre heures! Les jeunes fiancés devaient maudire ces roues qui ne tournaient pas, cette hélice dont les mouvements languissaient, et cette insuffisante vapeur qui n'agissait pas au gré de leurs désirs!

Vers trois heures, le ciel, nettoyé par le vent, resplendit. Les lignes de l'horizon, formées d'un trait net, semblèrent s'élargir autour de ce point central que le *Great-Eastern* occupait. La brise mollit, mais la mer se souleva longtemps en larges lames, étrangement vertes et festonnées d'écume. Si peu de vent ne comportait pas tant de houle. Ces ondulations étaient disproportionnées. On peut dire que l'Atlantique boudait encore.

A trois heures trente-cinq minutes, un trois-mâts fut signalé sur bâbord. Il envoya son numéro. C'était un Américain, *l'Illinois*, faisant route pour l'Angleterre.

En ce moment, le lieutenant H.. m'apprit que nous passions sur la queue du banc de New-Found-Land, nom que les Anglais donnent aux hauts-fonds de Terre-Neuve. Ce sont les riches parages où se fait la pêche de ces morues, dont trois suffiraient à alimenter l'Angleterre et l'Amérique, si tous leurs œufs éclosaient.

La journée se passa sans incident. Le pont fut fréquenté par ses promeneurs accoutumés. Jusqu'ici, aucun hasard n'avait mis en présence Fabian et Harry Drake, que le capitaine Archibald et moi, nous ne perdions pas de vue. Le soir réunit au grand salon ses dociles habitués. Toujours mêmes exercices, lectures et chants, provoquant les mêmes bravos prodigués par les mêmes mains aux mêmes virtuoses, que je finissais par trouver moins médiocres. Une discussion assez vive éclata, par extraordinaire, entre un Nordiste et un Texien. Celui-ci demandait « un empereur » pour les États du Sud. Fort heureusement, cette discussion politique, qui menaçait de dégénérer en querelle, fut interrompue par l'arrivée d'une dépêche imaginaire adressée à l'*Ocean Time* et conçue en ces termes : « Le capitaine Semmes, ministre de la guerre, a fait payer par le Sud les ravages de l'*Alabama!* »

XIX

En quittant le salon vivement éclairé, je remontai sur le pont avec le capitaine Corsican. La nuit était profonde. Pas une constellation au firmament. Autour du navire, une ombre impénétrable. Les fenêtres des rouffles brillaient comme des gueules de four. A peine voyait-on les hommes de quart qui arpentaient pesamment les dunettes. Mais on respirait le grand air, et le capitaine humait ses fraîches molécules à pleins poumons.

« J'étouffais dans ce salon, me dit-il. Ici, au moins, je nage en pleine atmosphère! Voilà une absorption vivifiante. Il me faut mes cent mètres cubes d'air pur par vingt-quatre heures ou je suis à demi-asphyxié.

— Respirez, capitaine, respirez à votre aise, lui répondis-je. Il y a de l'air ici pour tout le monde, et la brise ne vous chicane pas votre contingent. C'est une bonne chose que l'oxygène, et il faut bien avouer que nos Parisiens ou nos Londoniens ne le connaissent que de réputation.

— Oui! répliqua le capitaine, ils lui préfèrent l'acide carbonique. Chacun son goût. Pour mon compte, je le déteste, même dans le vin de Champagne ! »

Tout en causant, nous longions le boulevard de tribord, abrités du vent par la haute paroi des rouffles. De gros tourbillons de fumée, constellés d'étincelles, s'échappaient des cheminées noires. Le ronflement des machines accompagnait le sifflement de la brise dans les haubans de fer qui résonnaient comme les cordes d'une harpe. A ce brouhaha se mêlait de quart d'heure en quart d'heure le cri des matelots de bordée : *All's well! All's well!* Tout va bien ! Tout va bien !

En effet, aucune précaution n'avait été négligée pour assurer la sécurité du navire au milieu de ces parages fréquentés par les glaces. Le capitaine faisait puiser un seau d'eau, chaque demi-heure, afin d'en reconnaître la température, et si cette température fût tombée à un degré inférieur, il n'eût pas hésité à changer sa route. Il savait, en effet, que, quinze jours avant, le *Péreire* s'était vu bloqué par les ice-bergs sous cette latitude, danger qu'il fallait éviter. Du reste, son ordre de nuit prescrivit une surveillance rigoureuse. Lui-même ne se coucha pas. Deux officiers restèrent à ses côtés sur la passerelle, l'un aux signaux des roues, l'autre aux signaux de l'hélice. De plus, un lieutenant et deux hommes firent le quart sur la dunette de l'avant, tandis qu'un quartier-maître et un matelot se tenaient à l'étrave du steam-ship. Les passagers pouvaient être tranquilles.

Après avoir observé ces dispositions, le capitaine Corsican et moi, nous revînmes vers l'arrière. L'idée nous prit de passer encore quelque temps sur le grand rouffle, avant de regagner nos cabines, comme feraient de paisibles citadins sur la grande place de leur ville.

L'endroit nous parut désert. Bientôt, cependant, nos yeux étant faits à cette obscurité, nous aperçûmes un homme accoudé sur le garde-fou, dans une complète immobilité. Corsican, après l'avoir regardé attentivement, me dit :

« C'est Fabian ! »

C'était Fabian, en effet. Nous le reconnûmes ; mais perdu dans une muette contemplation, il ne nous vit pas. Ses regards semblaient fixés sur un angle du rouffle, et je les voyais briller dans l'ombre. Que regardait-il ainsi? Comment pouvait-il percer cette obscurité profonde? Je pensais que mieux valait le laisser à ses réflexions. Mais le capitaine Corsican s'approchant :

« Fabian? » dit-il.

Fabian ne répondit pas. Il n'avait pas entendu. Corsican l'appela de nouveau. Fabian tressaillit, tourna la tête un instant et prononça ce seul mot :

« Chut ! »

Puis, de la main, il désigna une ombre qui se mouvait lentement à l'extrémité du rouffle. C'était ce'te forme à peine visible que regardait Fabian. Puis, souriant tristement :

« La dame noire! » murmura-t-il.

Un tressaillement m'agita. Le capitaine Corsican m'avait pris le bras et je sentis qu'il tressaillait aussi. La même pensée nous avait frappés tous deux. Cette ombre, c'était l'apparition annoncée par le docteur Pitferge.

Fabian était retombé dans sa rêveuse contemplation. Moi, la poitrine oppressée, l'œil trouble, je regardais cette forme humaine, à peine estompée dans l'ombre, qui bientôt se profila plus nettement à nos regards. Elle s'avançait, hésitait, allait, s'arrêtait, reprenait sa marche, semblant plutôt glisser que marcher. Une âme errante! A dix pas de nous, elle demeura immobile. Je pus distinguer alors la forme d'une femme élancée, drapée étroitement dans une sorte de burnous brun, le visage couvert d'un voile épais.

« Une folle! une folle! n'est-ce pas? » murmura Fabian.

Et c'était une folle, en effet. Mais Fabian ne nous interrogeait pas. Il se parlait à lui-même.

Cependant, cette pauvre créature s'approcha plus près encore. Je crus voir ses yeux briller à travers son voile, quand ils se fixèrent sur Fabian. Elle vint jusqu'à lui. Fabian se redressa, électrisé. La femme voilée lui mit la main sur le cœur comme pour en compter les battements.... Puis, s'échappant, elle disparut par l'arrière du rouffle.

Fabian retomba, presque agenouillé, les mains tendues.

« Elle ! » murmura-t-il.

Puis, secouant la tête :

« Quelle hallucination ! » ajouta-t-il.

Le capitaine Corsican lui prit alors la main :

« Viens, Fabian, viens, » dit-il, et il entraîna son malheureux ami.

XX

Corsican et moi, nous ne pouvions plus douter. C'était Ellen, la fiancée de Fabian, la femme d'Harry Drake. La fatalité les avait réunis tous trois sur le même navire. Fabian ne l'avait pas reconnue, bien qu'il se fût écrié : Elle ! elle ! Et comment aurait-il pu la reconnaître ? Mais il ne s'était pas trompé en disant : Une folle ! Ellen était folle, et sans doute, la douleur, le désespoir, son amour tué dans son cœur, le contact de l'homme indigne qui l'avait arrachée à Fabian, la ruine, la misère, la honte, avaient brisé son âme ! Voilà ce dont je parlais le lendemain matin avec Corsican. Nous n'avions d'ailleurs aucun doute sur l'identité de cette jeune femme. C'était Ellen qu'Harry Drake entraînait avec lui vers ce continent américain, et qu'il associait encore à sa vie d'aventures. Le regard du capitaine s'allumait d'un feu sombre en songeant à ce misérable. Moi, je sentais mon cœur bondir. Que pouvions-nous contre lui, le mari, le maître? Rien. Mais le point le plus important c'était d'empêcher une nouvelle rencontre entre Fabian et Ellen, car Fabian finirait par reconnaître sa fiancée, ce qui amènerait la catastrophe que nous voulions éviter. Toutefois, on pouvait espérer que ces deux pauvres êtres ne se reverraient pas. La malheureuse Ellen ne paraissait jamais pendant le jour, ni dans les salons, ni sur le pont du navire. La nuit seulement, trompant son geôlier sans doute, elle venait se baigner dans cet air humide et demander à la brise un apaisement passager! Dans quatre jours, au plus tard, le *Great-Eastern* aurait atteint les passes de New-York. Nous pouvions donc croire que le hasard ne déjouerait pas notre surveillance, et que Fabian ne serait pas instruit de la présence d'Ellen pendant cette traversée de l'Atlantique! Mais nous comptions sans les événements.

La direction du steam-ship avait été un peu modifiée pendant la nuit. Trois fois, le navire, trouvant l'eau à vingt-sept degrés Farenheit, c'est-à-dire de trois à quatre degrés centigrades au-dessous de zéro, était descendu vers le sud. On ne pouvait mettre en doute la présence de glaces très-rapprochées. En effet, ce matin-là, le ciel présentait un éclat particulier; l'atmosphère était blanche; tout le nord s'éclairait d'une intense réverbération, évidemment produite par le pouvoir réfléchissant des ice-bergs. Une brise piquante traversait l'air, et vers dix heures, une petite neige très-fine vint subitement poudrer à blanc le steamship. Puis un banc de brumes se leva, au milieu duquel nous signalions notre présence par de nombreux coups de sifflets; bruit assourdissant qui effaroucha des volées de mouettes posées sur les vergues du navire.

A dix heures et demie, le brouillard s'étant levé, un steamer à hélice parut à l'horizon sur tribord. L'extrémité blanche de sa cheminée indiquait qu'il appartenait à la compagnie Inman faisant le transport des émigrants de Liverpool sur New-York. Ce bâtiment nous envoya son numéro. C'était le *City of Limerik*, de quinze cent trente tonneaux de jauge, et de deux cent cinquante-six chevaux de force. Il avait quitté New-York samedi, et par conséquent, il se trouvait en retard.

Avant le lunch, quelques passagers organisèrent une poule qui ne pouvait manquer de plaire à ces amateurs de jeux et de paris. Le résultat de cette poule ne devait pas être connu avant quatre jours. C'était ce qu'on appelle la « poule du pilote. » Lorsqu'un navire arrive sur les atterrages, personne n'ignore qu'un pilote monte à son bord. On divise donc les vingt-quatre heures du jour et de la nuit en quarante-huit demi-heures ou quatre-vingt-seize quarts d'heure, suivant le nombre des passagers. Chaque joueur met un enjeu d'un dollar, et le sort lui attribue l'une de ces demi-heures ou l'un de ces quarts d'heure. Le gagnant des quarante-huit ou quatre-vingt-seize dollars est celui pendant le quart d'heure duquel le pilote met le pied sur le navire. On le voit, le jeu est peu compliqué. Ce ne sont plus des courses de chevaux; ce sont des courses de quarts d'heure.

Ce fut un Canadien, l'honorable Mac Alpine, qui prit la direction de l'affaire. Il réunit facilement quatre-vingt-seize parieurs, parmi lesquels quelques parieuses et non les moins âpres au jeu. Je suivis le courant et j'engageai mon dollar. Le sort me désigna le soixante-quatrième quart d'heure. C'était un mauvais numéro dont je n'avais aucune chance de me défaire avec profit. En effet, ces divisions du temps sont comptées d'un midi au midi suivant. Il y a donc des quarts d'heure de jour et des quarts d'heure de nuit. Ces derniers n'ont aucune valeur aléatoire, car il est rare que les navires s'aventurent sur les atterrages au milieu de l'obscurité, et par conséquent, les chances de recevoir un pilote à bord pendant la nuit sont très-diminuées. Je me consolai aisément.

En redescendant au salon, je vis qu'une lecture avait été affichée pour le soir. Le missionnaire de l'Utah annonçait une conférence sur le Mormonisme. Bonne occasion de s'initier aux mystères de la Cité des Saints. D'ailleurs, cet Elder, Mr. Hatch, devait être un orateur et un orateur convaincu. L'exécution ne pouvait donc manquer d'être digne de l'œuvre. Les passagers accueillirent favorablement l'annonce de cette conférence.

Le point affiché avait donné les chiffres suivants :

Lat. 42° 32' *N.*
Long. 51° 59' *W.*
Course : 254 *miles*

Vers trois heures de l'après-midi, les timoniers signalèrent l'approche d'un grand steamer à quatre mâts. Ce navire modifia légèrement sa route afin de se rapprocher du *Great-Eastern*, dans l'intention de lui donner son numéro. De son côté, le capitaine laissa porter un peu, et bientôt le steamer lui envoya son nom. C'était *l'Atlanta*, un de ces grands bâtiments qui font le service de Londres à New-York en touchant à Brest. Il nous salua au passage, et nous lui rendîmes son salut. Peu de temps après, comme il courait à contre bord, il avait disparu.

En ce moment, Dean Pitferge m'apprit, non sans déplaisir, que la conférence de Mr. Hatch était interdite. Les puritaines du bord n'avaient pas permis à leurs maris de s'initier aux mystères du Mormonisme!

XXI

A quatre heures, le ciel qui avait été voilé jusqu'alors, se dégagea. La mer s'était apaisée. Le navire ne roulait plus. On aurait pu se croire en terre ferme. Cette immobilité du *Great-Eastern* donna aux passagers l'idée d'organiser des courses. Le turf d'Epsom n'eût pas offert une piste meilleure, et quant aux chevaux, à défaut de *Gladiator* ou de *la Touque*, ils devaient être remplacés par des Écossais pur sang qui les valaient bien. La nouvelle ne tarda pas à se répandre. Aussitôt les sportsmen d'accourir, les spectateurs de quitter les salons et les cabines. Un Anglais, l'honorable Mac Karthy, fut nommé commissaire, et les coureurs se présentèrent sans retard. C'étaient une demi-douzaines de matelots, sortes de centaures, à la fois chevaux et jockeys, tout prêts à disputer le grand prix du *Great-Eastern*.

Les deux boulevards formaient le champ de course. Les coureurs devaient faire trois fois le tour du navire, et franchir ainsi un parcours de treize cents mètres environ. C'était suffisant. Bientôt les tribunes, je veux dire les dunettes, furent envahies par la foule des curieux, armés de lorgnettes, et dont quelques-uns avaient arboré « le voile vert, » pour se protéger sans doute contre la poussière de l'Atlantique. Les équipages manquaient, j'en conviens, mais non la place pour les ranger en files. Les dames en grande toilette se pressaient principalement sur les rouffles de l'arrière. Le coup-d'œil était charmant.

Fabian, le capitaine Corsican, le docteur Dean Pitferge et moi, nous nous étions postés sur la dunette de l'avant. C'était là ce qu'on pouvait appeler l'enceinte du pesage. Là s'étaient réunis les véritables gentlemen-riders. Devant nous se dressait le poteau de départ et d'arrivée. Les paris ne tardèrent pas à s'engager avec un entrain britannique. Des sommes considérables furent risquées, rien que sur la mine des coureurs, dont les hauts faits, cependant, n'étaient pas encore inscrits au « stud-book. » Je ne vis pas sans inquiétude Harry Drake se mêler de ces préparatifs avec son aplomb accoutumé, discutant, disputant, tranchant d'un ton qui n'admettait pas de réplique. Très-heureusement, Fabian, bien qu'il eût engagé quelques livres dans la course, me parut assez indifférent à tout ce tapage. Il se tenait à l'écart, le front toujours soucieux, la pensée toujours au loin.

Parmi les coureurs qui se présentèrent, deux avaient plus particulièrement attiré l'attention publique. L'un, un Écossais de Dundee, nommé Wilmore, petit homme maigre, dératé, désossé, la poitrine large, l'œil ardent, passait pour être un des favoris. L'autre, grand diable bien découplé, un Irlandais du nom d'O'Kelly, long comme un cheval de course, balançait aux yeux des connaisseurs les chances de Wilmore. On le demandait à un contre trois, et pour mon compte, partageant l'engouement général, j'allais risquer sur lui quelques dollars, quand le docteur me dit :

«Prenez le petit, croyez moi. Le grand est disqualifié.

— Que voulez-vous dire ?

— Je veux dire, répondit sérieusement le docteur, que ce n'est pas un pur-sang. Il peut avoir une certaine vitesse initiale, mais il n'a pas de fonds. Le petit, au contraire, l'Écossais, a de la race. Voyez son corps maintenu bien droit sur ses jambes, et son poitrail bien ouvert, sans raideur. C'est un sujet qui a dû s'entraîner plus d'une fois dans la course sur place, c'est-à-dire en sautant d'un pied sur l'autre de manière à produire au moins deux cents mouvements par minute. Pariez pour lui, vous dis-je, vous n'aurez pas à le regretter.»

Je suivis le conseil de mon savant docteur, et je pariai pour Wilmore. Quant aux quatre autres coureurs, ils n'étaient même pas en discussion.

Les places furent tirées. Le sort favorisa l'Irlandais, qui eut la corde. Les six coureurs se placèrent en ligne sur la limite du poteau. Pas de faux départ à craindre, ce qui simplifiait le mandat du commissaire.

Le signal fut donné. Un hurrah accueillit le départ. Les connaisseurs reconnurent immédiatement que Wilmore et O'Kelly étaient des coureurs de profession. Sans se préoccuper de leurs rivaux qui les devançaient en s'essoufflant, ils allaient, le corps un peu penché, la tête bien droite, l'avant-bras collé au sternum, les poignets légèrement portés en avant et accompagnant chaque mouvement du pied opposé par un mouvement alternatif. Ils étaient pieds nus. Leur talon, ne touchant jamais le sol, leur laissait l'élasticité nécessaire pour conserver la force acquise. En un mot, tous les mouvements de leur personne se rapportaient et se complétaient.

Au second tour, O'Kelly et Wilmore, toujours sur la même ligne, avaient distancé leurs adversaires époumonnés. Ils démontraient avec évidence la vérité de cet axiome que me répétait le docteur :

« Ce n'est pas avec les jambes que l'on court, c'est avec la poitrine! Du jarret, c'est bien, mais des poumons, c'est mieux! »

A l'avant-dernier tournant, les cris des spectateurs saluèrent de nouveau leurs favoris. Les excitations, les hurrahs, les bravos éclataient de toutes parts.

« Le petit gagnera, me dit Pitferge. Voyez, il ne souffle pas. Son rival est haletant. »

En effet, Wilmore avait la figure calme et pâle. O'Kelly fumait comme un feu de paille mouillée. Il était « au fouet », pour employer une expression de l'argot des sportsmen. Mais tous deux se maintenaient en ligne. Enfin, ils dépassèrent le grand rouffle; ils dépassèrent l'écoutille de la machine; ils dépassèrent le poteau d'arrivée....

« Hurrah! Hurrah! pour Wilmore! crièrent les uns.

— Hurrah! pour O'Kelly, répondaient les autres.
— Wilmore a gagné.
— Non, ils sont « ensemble. »

La vérité est que Wilmore avait gagné, mais d'une demi-tête à peine. C'est ce que décida l'honorable Mac Karthy. Cependant la discussion se prolongea et l'on en vint aux grosses paroles. Les partisans de l'Irlandais, et particulièrement Harry Drake, soutenaient qu'il y avait un « dead head, » que c'était une course morte, qu'il y avait lieu de la recommencer.

Mais, à ce moment, entraîné par un mouvement involontaire, Fabian, s'étant approché de Harry Drake, lui dit froidement :

« Vous avez tort, monsieur. Le vainqueur est le matelot écossais! »

Drake s'avança vivement sur Fabian.

« Vous dites? lui demanda-t-il d'un ton menaçant.

— Je dis que vous avez tort, répondit tranquillement Fabian.

— Sans doute, riposta Drake, parce que vous avez parié pour Wilmore?

— J'ai parié comme vous pour O'Kelly, répondit Fabian. J'ai perdu et je paye.

— Monsieur, s'écria Drake, prétendez-vous m'apprendre ?... »

Mais il n'acheva pas sa phrase. Le capitaine Corsican s'était interposé entre Fabian et lui avec l'intention avouée de prendre la querelle pour son compte. Il traita Drake avec une dureté et un mépris très-significatifs. Mais, évidemment, Drake ne voulait pas avoir affaire à lui. Aussi, lorsque Corsican eut achevé, Drake se croisant les bras et s'adressant à Fabian :

« Monsieur, dit-il avec un mauvais sourire, monsieur a donc besoin de ses amis pour le défendre ? »

Fabian pâlit. Il se précipita sur Harry Drake. Mais je le retins. D'autre part, des compagnons de ce coquin l'entraînèrent, non sans qu'il eût jeté sur son adversaire un haineux regard.

Le capitaine Corsican et moi, nous descendîmes avec Fabian, qui se contenta de dire d'une voix calme :

« A la première occasion, je souffletterai ce grossier personnage. »

XXII

Pendant la nuit du vendredi au samedi, le *Great-Eastern* traversa le courant du Gulfstream, dont les eaux plus foncées et plus chaudes, tranchaient sur les couches ambiantes. La surface de ce courant pressé entre les flots de l'Atlantique est même légèrement convexe. C'est donc un fleuve véritable qui coule entre deux rives liquides, et l'un des plus considérables du globe, car il réduit au rang de ruisseau l'Amazone ou le Mississipi. L'eau puisée pendant la nuit était remontée de vingt-sept degrés Farenheit à cinquante et un degrés, ce qui donne en centigrades douze degrés.

Cette journée du 5 avril débuta par un magnifique lever de soleil. Les longues lames de fond resplendissaient. Une chaude brise du sud-ouest passait dans le gréement. C'étaient les premiers beaux jours. Ce soleil qui eût reverdi les campagnes du continent, fit éclore ici de fraîches toilettes. La végétation retarde quelquefois, la mode jamais. Bientôt les boulevards comptèrent de nombreux groupes de promeneurs. Tels les Champs-Élysées, un dimanche, par un beau soleil de mai.

Pendant cette matinée, je ne vis pas le capitaine Corsican. Désirant avoir des nouvelles de Fabian, je me rendis à la cabine que celui-ci occupait en abord du grand salon. Je frappai à la porte de cette cabine, mais je n'obtins pas de réponse. Je poussai la porte. Fabian n'y était pas.

Je remontai alors sur le pont. Parmi les passants je ne remarquai ni mes amis ni mon docteur. Il me vint alors à la pensée de chercher en quel endroit du steam-ship était confinée la malheureuse Ellen. Quelle cabine occupait-elle? Où Harry Drake l'avait-il reléguée? A quelles mains était confiée cette infortunée que son mari abandonnait pendant des jours entiers? Sans doute aux soins intéressés de quelque femme de chambre du bord, à quelque indifférente garde-malade? Je voulus savoir ce qui en était, non par un vain motif de curiosité, mais dans l'intérêt d'Ellen et de Fabian, ne fût-ce que pour prévenir une rencontre toujours à craindre.

Je commençai ma recherche par les cabines du grand salon des dames et je parcourus les couloirs des deux étages qui desservent cette portion du navire. Cette inspection était assez facile, parce que le nom des passagers, inscrit sur une pancarte, se lisait à la porte de chaque cabine, ce qui simplifiait le service des stewards. Je ne trouvai pas le nom d'Harry Drake, ce qui me surprit peu, car cet homme avait dû préférer la situation des cabines disposées, à l'arrière du *Great-Eastern*, sur des salons moins fréquentés. Il n'existait, d'ailleurs, au point de vue du confort, aucune différence entre les aménagements de l'avant et ceux de l'arrière, car la *Société des affréteurs* n'avait admis qu'une seule classe de passagers.

Je me dirigeai donc vers les salles à manger, et je suivis attentivement les couloirs latéraux qui circulaient entre le double rang des cabines. Toutes ces chambres étaient occupées, toutes portaient le nom d'un passager, et le nom d'Harry Drake manquait encore. Cette fois, l'absence de ce nom m'étonna, car je croyais avoir visité notre ville flottante tout entière, et je ne connaissais pas d'autre « quartier » plus reculé que celui-ci. J'interrogeai donc un steward qui m'apprit ce que j'ignorais, c'est qu'une centaine de cabines existaient encore en arrière des « diningrooms ».

« Comment y descend-on? demandai-je.

— Par un escalier qui aboutit au pont, sur le côté du grand rouffle.

— Bien, mon ami. Et savez-vous quelle cabine occupe monsieur Harry Drake ?

— Je l'ignore, monsieur, « me répondit le steward. »

Je remontai alors sur le pont, et, suivant le rouffle, j'arrivai à la porte qui fermait l'escalier indiqué. Cet escalier conduisait, non plus à de vastes salons, mais à un simple carré demi-obscur, autour du quel était disposée une double rangée de cabines. Harry Drake, voulant isoler Ellen, n'avait pu choisir un endroit plus propice à son dessein.

La plupart de ces cabines étaient inoccupées. Je parcourus le carré et les couloirs latéraux porte à porte. Quelques noms étaient inscrits sur les pancartes, deux ou trois au plus, mais non celui d'Harry Drake. Cependant, j'avais fait une minutieuse inspection de ce compartiment, et, fort désappointé, j'allais me retirer, quand un murmure vague, presque insaisissable, frappa mon oreille. Ce murmure se produisait au fond du couloir de gauche. Je me dirigeai de ce côté. Les sons, à peine perceptibles, s'accentuèrent davantage. Je reconnus une sorte de chant plaintif, ou plutôt une mélopée traînante, dont les paroles ne parvenaient pas jusqu'à moi.

J'écoutai. C'était une femme qui chantait ainsi; mais dans cette voix inconsciente on sentait une douleur profonde. Cette voix devait être celle de la pauvre folle. Mes pressentiments ne pouvaient me tromper. Je m'approchai doucement de la cabine qui portait le numéro 775. C'était la dernière de ce couloir obscur, et elle devait être éclairée par un des hublots inférieurs évidés dans la coque du *Great-Eastern*. Sur la porte de cette cabine, aucun nom. En effet, Harry Drake n'avait pas intérêt à faire connaître l'endroit où il confinait Ellen.

La voix de l'infortunée arrivait alors distinctement jusqu'à moi. Son chant n'était qu'une suite de phrases fréquemment interrompues, quelque chose de suave et de triste à la fois. On eût dit des stances étrangement coupées, telles que les réciterait une personne endormie du sommeil magnétique.

Non! bien que je n'eusse aucun moyen de reconnaître son identité, je ne doutais pas que ce fût Ellen qui chantât ainsi.

Pendant quelques minutes, j'écoutai, et j'allais me retirer, quand j'entendis marcher dans le carré central. Etait-ce Harry Drake? Dans l'intérêt d'Ellen et de Fabian, je ne voulais pas être surpris à cette place. Heureusement, le couloir, contournant la double rangée de cabines, me permettait de remonter sur le pont sans être aperçu. Cependant, je tenais à savoir quelle était la personne dont j'entendais le pas. La demi-obscurité me protégeait, et en me plaçant dans l'angle du couloir, je pouvais voir sans être vu.

Cependant, le bruit avait cessé. Bizarre coïncidence, avec lui s'était tu le chant d'Ellen. J'attendis. Bientôt le chant recommença, et le plancher gémit de nouveau sous la pression d'un pas lent. Je penchai la tête, et au fond du couloir, dans une vague clarté qui filtrait à travers l'imposte des cabines, je reconnus Fabian.

C'était mon malheureux ami! Quel instinct le conduisait en ce lieu? Avait-il donc et avant moi, découvert la retraite de la jeune femme? Je ne savais que penser. Fabian s'avançait lentement, longeant les cloisons, écoutant, suivant comme un fil cette voix qui l'attirait, malgré lui peut-être, et sans qu'il en eût conscience. Et pourtant, il me semblait que le chant s'affaiblissait à son approche, et que ce fil si tenu allait se rompre.... Fabian arriva près de la cabine et s'arrêta.

Comme son cœur devait battre à ces tristes accents? Comme tout son être devait frémir! Il était impossible que dans cette voix, il ne retrouvât pas quelque ressouvenir du passé. Et cependant, ignorant la présence d'Harry Drake à bord, comment aurait-il même soupçonné la présence d'Ellen? Non! C'était impossible, et il n'était attiré que parce que ces accents maladifs répondaient, sans qu'il s'en doutât, à l'immense douleur qu'il portait en lui.

Fabian écoutait toujours. Qu'allait-il faire? Appellerait-il la folle? Et si Ellen apparaissait soudain? Tout était possible, et tout était danger dans cette situation! Cependant, Fabian se rapprocha encore de la porte de la cabine. Le chant qui diminuait peu à peu, mourut soudain; puis, un cri déchirant se fit entendre.

Ellen, par une communication magnétique, avait-elle senti si près d'elle celui qu'elle aimait? L'attitude de Fabian était effrayante. Il était comme ramassé sur lui-même. Allait-il donc briser cette porte? Je le crus et je me précipitai vers lui.

7.

Il me reconnut. Je l'entraînai. Il se laissait faire Puis, d'une voix sourde :

« Savez-vous quelle est cette infortunée ? me demanda-t-il.

— Non, Fabian, non.

— C'est la folle ! dit-il. On dirait une voix de l'autre monde. Mais cette folie n'est pas sans remède. Je sens qu'un peu de dévouement, un peu d'amour guérirait cette pauvre femme ?

— Venez, Fabian, dis-je venez ! »

Nous étions remontés sur le pont. Fabian, sans ajouter une parole, me quitta presque aussitôt ; mais je ne le perdis pas de vue avant qu'il n'eût regagné sa cabine.

XXIII

Quelques instants plus tard, je rencontrais le capitaine Corsican. Je lui racontai la scène à laquelle je venais d'assister. Il comprit, comme moi que cette grave situation se compliquait. Pourrions-nous en prévenir les dangers ? Ah ! que j'aurais voulu hâter la marche de ce *Great-Eastern*, et mettre un océan tout entier entre Harry Drake et Fabian !

En nous quittant, le capitaine Corsican et moi, nous

convînmes de surveiller plus sévèrement que jamais les acteurs de ce drame, dont le dénouement pouvait à chaque instant éclater malgré nous !

Ce jour-là, on attendait l'*Australasian*, paquebot de la compagnie Cunard, jaugeant deux mille sept cent soixante tonneaux, qui dessert la ligne de Liverpool à New-York. Il avait dû quitter l'Amérique le mercredi matin, et il ne pouvait tarder à paraître. On le guettait au passage, mais il ne passa pas.

Vers onze heures, des passagers anglais organisèrent une souscription en faveur des blessés du bord, dont quelques uns n'avaient pas encore pu quitter le poste des malades, entre autres, le maître d'équipage, menacé d'une claudication incurable. Cette liste se couvrit de signatures, non sans avoir soulevé quelques difficultés de détails qui amenèrent un échange de paroles malsonnantes.

A midi, le soleil permit d'obtenir une observation très-exacte :

Long. 58°37' *O.*
Lat. 41°41'11" *N.*
Course : 257 *miles.*

Nous avions la latitude à une seconde près. Les jeunes fiancés, qui vinrent consulter la notice, firent une moue de déconvenue. Décidément, ils avaient à se plaindre de la vapeur.

Avant le lunch, le capitaine Anderson voulut distraire ses passagers des ennuis d'une traversée si longue. Il organisa donc des exercices de gymnastique qu'il dirigea en personne. Une cinquantaine de désœuvrés, armés comme lui d'un bâton, imitèrent tous ses mouvements avec une exactitude simiesque. Ces gymnastes improvisés « travaillaient » méthodiquement, sans desserrer les lèvres, comme des riflemens à la parade.

Un nouvel « entertainment » fut annoncé pour le soir. Je n'y assistai point. Ces mêmes plaisanteries incessamment renouvelées me fatiguaient. Un second journal, rival de l'*Ocean-Time*, avait été fondé. Ce soir-là, paraît-il, les deux feuilles fusionnèrent.

Pour moi, je passai sur le pont les premières heures de la nuit. La mer se soulevait et annonçait du mauvais temps, bien que le ciel fût encore admirable. Aussi le roulis commençait-il à s'accentuer. Couché sur un des bancs du rouffle, j'admirais ces constellations qui s'écartelaient au firmament. Les étoiles fourmillaient au zénith, et bien que l'œil nu n'en puisse apercevoir que cinq mille sur toute l'étendue de la sphère céleste, ce soir-là, il eût cru les compter par millions. Je voyais traîner à l'horizon la queue de Pégase dans toute sa magnificence zodiacale, comme la robe étoilée d'une reine de féerie. Les Pléiades montaient vers les hauteurs du ciel, en même temps que ces Gémeaux qui, malgré leur nom, ne se lèvent pas l'un après l'autre, comme les héros de la fable. Le Taureau me regardait de son gros œil ardent. Au sommet de la voûte, brillait Wéga, notre future étoile polaire, et non loin s'arrondissait cette rivière de diamants qui forme la Couronne-Boréale. Toutes ces constellations immobiles semblaient, cependant, se déplacer au roulis du navire, et pendant son oscillation, je voyais le grand mât décrire un arc de cercle, nettement dessiné, depuis β de la Grande-Ourse jusqu'à Altaïr de l'Aigle, tandis que la lune, déjà basse, trempait à l'horizon l'extrémité de son croissant.

XXIV

La nuit fut mauvaise. Le steam-ship, effroyablement battu par le travers, roula sans désemparer. Les meubles se déplacèrent avec fracas, et la faïencerie des toilettes recommença son vacarme. Le vent avait évidemment beaucoup fraichi. Le *Great-Eastern* naviguait d'ailleurs dans ces parages féconds en sinistres, où la mer est toujours mauvaise.

A six heures du matin, je me traînai jusqu'à l'escalier du grand rouffle. Me cramponnant aux rampes, et profitant d'une oscillation sur deux, je parvins à gravir les marches, et j'arrivai sur le pont. De là, je me hâlai non sans peine jusqu'à la dunette de l'avant.

L'endroit était désert, si toutefois on peut qualifier ainsi un endroit où se trouve le docteur Dean Pitferge. Ce digne homme, solidement appuyé, courbait le dos au vent, et sa jambe droite entourait un des montants du garde-fou. Il me fit signe de le rejoindre, — signe de tête, cela va sans dire, — car il ne pouvait disposer de ses bras qui le maintenaient contre les violences de la tempête. Après quelques mouvements de reptation, me tordant comme une annélide, j'arrivai sur le rouffle et là, je m'arcboutai à la façon du docteur.

« Allons! me cria-t-il, cela continue! Hein! Ce *Great-Eastern!* Juste au moment d'arriver, un cyclone, un vrai cyclone, spécialement commandé pour lui! »

Le docteur ne prononçait que des phrases entrecoupées. Le vent lui mangeait la moitié de ses paroles. Mais je l'avais compris. Le mot cyclone porte sa définition avec lui.

On sait ce que sont ces tempêtes tournantes, nommées ouragans dans l'Océan indien et dans l'Atlantique, tornades sur la côte africaine, simouns dans le désert, typhons dans les mers de la Chine, tempêtes dont la puissance formidable met en péril les plus gros navires.

Or, le *Great-Eastern* était pris dans un cyclone. Comment ce géant allait-il lui tenir tête?

» Il lui arrivera malheur, me répétait Dean Pitferge. Voyez, comme il met le nez dans la plume! »

Cette métaphore maritime s'appropriait excellemment à la situation du steam-ship. Son étrave disparaissait sous les montagnes d'eau qui l'attaquaient par babord devant. Au loin, plus de vue possible. Tous les symptômes d'un ouragan ! Vers sept heures, la tempête se déclara. La mer devint monstrueuse. Ces petites ondulations intermédiaires qui marquent le dénivellement des grandes lames, disparurent sous l'écrasement du vent. L'océan se gonflait en longues vagues dont la cime déferlait avec un échevellement indescriptible. Avec chaque minute, la hauteur des lames s'accroissait, et le *Great-Eastern*, les recevant par le travers, roulait épouvantablement.

« Il n'y a que deux partis à prendre, me dit le docteur avec l'aplomb d'un marin. Ou recevoir la lame debout, en capéyant sous petite vapeur, ou prendre la fuite et ne pas s'obstiner contre cette mer démontée ! Mais le capitaine Anderson ne fera ni l'une ni l'autre de ces deux manœuvres.

— Pourquoi ? demandai-je.

— Parce que !... répondit le docteur, parce qu'il faut qu'il arrive quelque chose ! »

En me retournant, j'aperçus le capitaine, le second et le premier ingénieur, encapuchonnés dans leurs surouest, et cramponnés aux garde-fous des passerelles. L'embrun des lames les enveloppait de la tête aux pieds. Le capitaine souriait selon sa coutume. Le second riait et montrait ses dents blanches en voyant son navire rouler à faire croire que les mâts et les cheminées allaient venir en bas !

Cependant, cette obstination, cet entêtement du capitaine à lutter contre la mer, m'étonnaient. A sept heures et demie, l'aspect de l'Atlantique était effrayant. A l'avant, les lames couvraient le navire en grand. Je regardais ce sublime spectacle, ce combat du colosse contre les flots. Je comprenais, jusqu'à un certain point cette opiniâtreté du « maître après Dieu » qui ne voulait pas céder. Mais j'oubliais que la puissance de la mer est infinie, et que rien ne peut lui résister de ce qui est fait de la main de l'homme ! Et, en effet, si puissant qu'il fût, le géant devait bientôt fuir devant la tempête.

Tout à coup, vers huit heures, un choc se produisit. C'était un formidable paquet de mer qui venait de frapper le navire par bâbord devant.

« Ça me dit le docteur, ce n'est pas une gifle, c'est un coup de poing sur la figure. »

En effet, le « coup de poing » nous avait meurtris. Des morceaux d'épaves apparaissaient sur la crête des lames. Etait-ce une partie de notre chair qui s'en allait ainsi, ou les débris d'un corps étranger ? Sur un signe du capitaine, le *Great-Eastern* évolua d'un quart pour éviter ces fragments qui menaçaient de s'engager dans ses aubes. En regardant avec plus d'attention, je vis que le coup de mer venait d'emporter les pavois de bâbord, qui, cependant, s'élevaient à cinquante pieds au-dessus de la surface des flots. Les jambettes étaient brisées, les ferrures arrachées ; quelques débris de virures tremblaient encore dans leur encastrement. Le *Great-Eastern* avait tressailli au choc, mais il continuait sa route avec une imperturbable audace. Il fallait enlever au plus tôt les débris qui encombraient l'avant, et pour cela, fuir devant la mer devenait indispensable. Mais le steam-ship s'opiniâtra à tenir tête. Toute la fougue de son capitaine l'animait. Il ne voulait pas céder. Il ne céderait pas. Un officier et quelques hommes furent envoyés sur l'avant pour déblayer le pont.

« Attention, me dit le docteur, le malheur n'est pas loin ! »

Les marins s'avancèrent vers l'avant. Nous nous étions accotés au second mât. Nous regardions à travers les embruns qui, nous prenant d'écharpe, jetaient à chaque lame une averse sur le pont. Soudain, un autre coup de mer, plus violent que le premier, passa par la brèche ouverte dans les bastingages, arracha une énorme plaque de fonte qui recouvrait la bitte de l'avant, démolit le massif capot situé au-dessus du poste de l'équipage, et, battant de plein fouet les parois de tribord, il les déchira, il les emporta comme les morceaux d'une toile tendue au vent.

Les hommes avaient été renversés. L'un d'eux, un officier, à demi noyé, secoua ses favoris roux et se releva.

Puis, voyant un des matelots étendu, sans connaissance, sur la patte d'une ancre, il se précipita vers lui, le chargea sur ses épaules et l'emporta. En ce moment, les gens de l'équipage s'échappaient à travers le capot brisé. Il y avait trois pieds d'eau dans l'entrepont. De nouveaux débris couvraient la mer, et entre autres quelques milliers de ces poupées que mon compatriote de la rue Chapon comptait acclimater en Amérique! Tous ces petits corps, arrachés de leur caisse par le coup de mer, sautaient sur le dos des lames, et cette scène eût certainement prêté à rire en de moins graves conjonctures. Cependant l'inondation nous gagnait. Des masses liquides se précipitaient par les ouvertures, et l'envahissement de la mer fut tel, que, suivant le rapport de l'ingénieur, le *Great-Eastern* embarqua alors plus de deux mille tonnes d'eau, — de quoi couler par le fond une frégate de premier rang.

« Bon! » fit le docteur, dont le chapeau s'envola dans une rafale.

Se maintenir dans cette situation devenait impossible. Tenir tête plus longtemps, c'eût été l'œuvre d'un fou. Il fallait prendre l'allure de fuite. Le steam-ship présentant l'étrave à la mer avec son avant défoncé, c'était un homme qui s'entêterait à nager entre deux eaux, la bouche ouverte.

Le capitaine Anderson le comprit enfin. Je le vis courir lui-même à la petite roue de la passerelle, qui commandait les évolutions du gouvernail. Aussitôt la vapeur se précipita dans les cylindres de l'arrière; la barre fut mise au vent, et le colosse, évoluant comme un canot, porta le cap au nord et s'enfuit devant la tempête.

A ce moment, le capitaine, ordinairement si calme, si maître de lui, s'écria avec colère:

« Mon navire est déshonoré! »

XXV

A peine le *Great-Eastern* eut-il viré de bord, à peine eut-il présenté l'arrière à la lame, qu'il ne ressentit plus aucun roulis. C'était l'immobilité absolue succédant à l'agitation. Le déjeuner était servi. La plupart des passagers, rassurés par la tranquillité du navire, descendirent aux « dining-rooms » et purent prendre leur repas sans ressentir ni une secousse, ni un choc. Pas une assiette ne glissa à terre, pas un verre ne répandit son contenu sur les nappes. Et cependant, les tables de roulis n'avaient même pas été dressées. Mais, trois quarts d'heure plus tard, les meubles recommençaient leur branle, les suspensions se balançaient dans l'air, les porcelaines s'entrechoquaient sur la planche des offices. Le *Great-Eastern* venait de reprendre vers l'ouest sa marche un instant interrompue.

Je remontai sur le pont avec le docteur Pitferge. Il rencontra l'homme aux poupées.

« Monsieur, lui dit-il, tout votre petit monde a été bien éprouvé. Voilà des bébés qui ne bavarderont pas dans les États de l'Union.

— Bah ! répondit l'industriel parisien, la pacotille était assurée, et mon secret ne s'est pas noyé avec elle Nous en referons, de ces bébés-là. »

Mon compatriote n'était point homme à désespérer, on le voit. Il nous salua d'un air aimable, et nous allâmes vers l'arrière du steam-ship. Là, un timonier nous apprit que les chaînes du gouvernail avaient été engagées pendant l'intervalle qui avait séparé les deux coups de mer.

« Si cet accident s'était produit au moment de l'évolution, me dit Pitferge, je ne sais trop ce qui serait arrivé, car la mer se précipitait à torrent dans le navire. Déjà les pompes à vapeur ont commencé à épuiser l'eau. Mais tout n'est pas fini.

— Et ce malheureux matelot? demandai-je au docteur.

— Il est grièvement blessé à la tête. Pauvre garçon ! C'est un jeune pêcheur, marié, père de deux enfants, qui fait son premier voyage d'outre-mer. Le médecin du bord en répond, et c'est ce qui me fait craindre pour lui. Enfin, nous verrons bien. Le bruit s'est aussi répandu que plusieurs hommes avaient été emportés, mais, fort heureusement, il n'en est rien.

— Enfin, dis-je, nous avons repris notre route ?

— Oui, répondit le docteur, la route à l'ouest, contre vent et marée. On le sent bien, ajouta-t-il en saisissant un taquet pour ne pas rouler sur le pont. Savez-vous, mon cher monsieur, ce que je ferais du *Great-Eastern* s'il m'appartenait ? Non ? Eh bien, j'en ferais un bateau de luxe à dix mille francs la place. Il n'y aurait que des millionnaires à bord, des gens qui ne seraient pas pressés. On mettrait un mois ou six semaines à faire la traversée de l'Angleterre à l'Amérique. Jamais de lame par le travers. Toujours vent debout ou vent arrière. Mais aussi, jamais de roulis ni de tangage. Mes passagers seraient assurés contre le mal de mer, et je leur paierais cent livres par nausée.

— Voilà une idée pratique, répondis-je.

— Oui ! répliqua Dean Pitferge, il y aurait là de l'argent à gagner... ou à perdre ! »

Cependant, le steam-ship continuait sa route à petite vitesse, battant cinq ou six tours de roue au plus, de manière à se maintenir. La houle était effrayante, mais l'étrave coupait normalement les lames, et le *Great-Eastern* n'embarquait aucun paquet de mer. Ce n'était plus une montagne de métal marchant contre une montagne d'eau, mais un rocher sédentaire, recevant avec indifférence le clapotis des vagues. D'ailleurs, une pluie torrentielle vint à tomber, ce qui nous obligea de chercher un refuge sous le capot du grand salon. Cette averse eut pour effet d'apaiser le vent et la mer. Le ciel s'éclaircit dans l'ouest et les derniers gros nuages se fondirent à l'horizon opposé. A dix heures, l'ouragan nous jetait son dernier souffle.

A midi, le point put être fait avec une certaine exactitude ; il donnait :

Lat. 41° 50′ *N.*
Long. 61° 57′ *W.*
Course : 193 *milles.*

Cette diminution considérable dans le chemin parcouru ne devait être attribuée qu'à la tempête qui, pendant la nuit et la matinée, avait incessamment battu le navire, tempête si terrible, qu'un des passagers, — véritable habitant de cet Atlantique qu'il traversait pour la quarante-quatrième fois, — n'en avait jamais vu de telle. L'ingénieur avoua même que, lors de cet ouragan pendant lequel, le *Great-Eastern* resta trois jours dans le creux des lames, le navire n'avait pas été atteint avec cette violence. Mais, il faut le répéter, cet admirable steam-ship, s'il marche médiocrement, s'il roule trop, présente contre les fureurs de la mer une complète sécurité. Il résiste comme un bloc plein, et cette rigidité, il la doit à la parfaite homogénéité de sa construction, à sa double coque et au rivage merveilleux de son bordé. Sa résistance à l'arc est absolue.

Mais répétons-le aussi. Quelle que soit sa puissance, il ne faut pas l'opposer sans raison à une mer démontée. Si grand qu'il soit, si fort qu'on le suppose, un navire n'est pas « déshonoré » parce qu'il fuit devant la tempête. Un commandant ne doit jamais oublier que la vie d'un homme vaut plus qu'une satisfaction d'amour-propre. En tout cas, s'obstiner est dangereux, s'entêter est blâmable, et un exemple récent, une déplorable catastrophe, survenue à l'un des paquebots transocéaniens, prouve qu'un capitaine ne doit pas lutter outre mesure contre la mer, même quand il sent sur ses talons le navire d'une compagnie rivale.

XXVI

Les pompes, cependant, continuaient d'épuiser ce lac qui s'était formé à l'intérieur du *Great-Eastern*, comme un lagon au milieu d'une île. Puissantes et rapidement manœuvrées par la vapeur, elles restituèrent à l'Atlantique ce qui lui appartenait. La pluie avait cessé; le vent fraîchissait de nouveau; le ciel, balayé par la tempête, était pur. Lorsque la nuit se fit, je restai pendant quelques heures à me promener sur le pont. Les salons jetaient de grands épanouissements de lumière par leurs écoutilles entr'ouvertes. A l'arrière jusqu'aux limites du regard, s'allongeait un remous phosphorescent, rayé çà et là par la crête lumineuse des lames. Les étoiles, réfléchies dans ces nappes lactescentes, apparaissaient et disparaissaient comme elles font au milieu de nuages chassés par une forte brise. Tout autour et tout au loin s'étendait la sombre nuit. A l'avant grondait le tonnerre des roues, et au-dessous de moi, j'entendais le cliquetis des chaînes du gouvernail.

En revenant vers le capot du grand salon, je fus assez surpris d'y voir une foule compacte de spectateurs. Les applaudissements éclataient. Malgré les désastres de la journée, l'« entertainment » accoutumé déroulait les surprises de son programme. Du matelot si grièvement blessé, mourant peut-être, il n'était plus question. La fête paraissait animée. Les passagers accueillaient avec de grandes démonstrations les débuts d'une troupe de « Minstrels » sur les planches du *Great-Eastern*. On sait ce que sont ces minstrels, des chanteurs ambulants, noirs ou noircis suivant leur origine, qui courent les villes anglaises en y donnant des concerts grotesques. Les chanteurs, cette fois, n'étaient autres que des matelots ou des stewards frottés de cirage. Ils avaient revêtu des loques de rebut, ornées de boutons en biscuit de mer ; ils portaient des lorgnettes faites de deux bouteilles accouplées, et des guimbardes composées de boyaux tendus sur une vessie. Ces gaillards, assez drôles en somme, chantaient des refrains burlesques et improvisaient des discours mêlés de coq-à-l'âne et de calembourgs. On les applaudissait à outrance, et ils redoublaient leurs contorsions et grimaces. Enfin, pour terminer, un danseur, agile comme un singe, exécuta une double gigue qui enleva l'assemblée.

Cependant, si intéressant que fût ce programme des minstrels, il n'avait pas rallié tous les passagers D'autres hantaient en grand nombre la salle de l'avant et se pressaient autour des tables. Là, on jouait gros jeu. Les gagnants défendaient le gain acquis pendant la traversée; les perdants, que le temps pressait, cherchaient à maîtriser le sort par des coups d'audace. Un tumulte violent sortait de cette salle. On entendait la voix du banquier criant les coups, les imprécations des perdants, le tintement de l'or, le froissement des dollars-papier. Puis, il se faisait un profond silence; quelque coup hardi suspendait le tumulte, et, le résultat connu, les exclamations redoublaient.

Je fréquentais peu ces habitués de la « smoking-room. » J'ai horreur du jeu. C'est un plaisir toujours grossier, souvent malsain. L'homme atteint de la maladie du jeu n'a pas que ce mal; il n'est guère possible que d'autres ne lui fassent pas cortége. C'est un vice qui ne va jamais seul. Il faut dire aussi que la société des joueurs, toujours et partout mêlée, ne me plaît pas. Là dominait Harry Drake au milieu de ses fidèles. Là préludaient à cette vie de hasards quelques aventuriers qui allaient chercher fortune en Amérique. J'évitais le contact de ces gens bruyants. Ce soir-là, je passais donc devant la porte du rouffle sans y entrer, quand une violente explosion de cris et d'injures m'arrêta. J'écoutai, et, après un moment de silence, je crus, à mon profond étonnement, distinguer la voix de Fabian. Que faisait-il en ce lieu? Allait-il y chercher son ennemi? La catastrophe, jusqu'alors évitée, était-elle près d'éclater?

Je poussai vivement la porte. En ce moment, le tumulte était au comble. Au milieu de la foule des joueurs, je vis Fabian. Il était debout et faisait face à Drake, debout comme lui. Je me précipitai vers Fabian. Sans doute Harry Drake venait de l'insulter grossièrement, car la main de Fabian se leva sur lui, et si elle ne l'atteignit pas au visage, c'est que Corsican, apparaissant soudain, l'arrêta d'un geste rapide.

Mais Fabian, s'adressant à son adversaire, lui dit de sa voix froidement railleuse :

« Tenez-vous ce soufflet pour reçu?

— Oui, répondit Drake, et voici ma carte ! »

Ainsi, l'inévitable fatalité avait, malgré nous, mis ces deux mortels ennemis en présence. Il était trop tard pour les séparer. Les choses ne pouvaient plus que suivre leur cours. Le capitaine Corsican me regarda et je surpris dans ses yeux plus de tristesse encore que d'émotion.

Cependant Fabian avait relevé la carte que Drake venait de jeter sur la table. Il la tenait du bout des doigts comme un objet qu'on ne sait par où prendre. Corsican était pâle. Mon cœur battait. Cette carte, Fabian la regarda enfin. Il lut le nom qu'elle portait. Ce fut comme un rugissement qui s'échappa de sa poitrine.

« Harry Drake ! s'écria-t-il. Vous ! vous ! vous !

— Moi-même, capitaine Mac Elwin, » répondit tranquillement le rival de Fabian.

Nous ne nous étions pas trompés. Si Fabian avait ignoré jusque-là le nom de Drake, celui-ci n'était que trop informé de la présence de Fabian sur le *Great-Eastern !*

XXVII

Le lendemain, dès l'aube, je courus à la recherche du capitaine Corsican. Je le rencontrai dans le grand salon. Il avait passé la nuit près de Fabian. Fabian était encore sous le coup de l'émotion terrible que lui avait causée le nom du mari d'Ellen. Une secrète intuition lui avait-elle donné à penser que Drake n'était pas seul à bord ? La présence d'Ellen lui était-elle révélée par la présence de cet homme ? Devinait-il enfin que cette pauvre folle, c'était la jeune fille qu'il chérissait depuis de longues années ? Corsican ne put me l'apprendre, car Fabian n'avait pas prononcé un seul mot pendant toute cette nuit.

Corsican ressentait pour Fabian une sorte de passion fraternelle. Cette nature intrépide l'avait dès l'enfance irrésistiblement séduit. Il était désespéré.

« Je suis intervenu trop tard, me dit-il. Avant que la main de Fabian ne se fût levée sur lui, j'aurais dû souffleter ce misérable.

— Violence inutile, répondis-je. Harry Drake ne vous aurait pas suivi sur le terrain où vous vouliez l'entraîner. C'est à Fabian qu'il en avait, et une catastrophe était devenue inévitable.

— Vous avez raison, me dit le capitaine. Ce coquin en est arrivé à ses fins. Il connaissait Fabian, tout son passé, tout son amour. Peut-être Ellen, privée de raison, a-t-elle livré ses secrètes pensées ? Ou plutôt Drake n'a-t-il pas appris de la loyale jeune femme, avant son mariage même, tout ce qu'il ignorait de sa vie de jeune fille ? Poussé par ses méchants instincts, se trouvant en contact avec Fabian, il a cherché cette affaire en s'y réservant le rôle de l'offensé. Ce gueux doit être un duelliste redoutable.

— Oui, répondis-je, il compte déjà trois ou quatre malheureuses rencontres de ce genre.

— Mon cher monsieur, répondit Corsican, ce n'est pas le duel en lui-même que je redoute pour Fabian. Le capitaine Mac Elwin est de ceux qu'aucun danger ne trouble. Mais ce sont les suites de cette rencontre qu'il faut craindre. Que Fabian tue cet homme, si vil qu'il soit, et c'est un infranchissable abîme entre Ellen et lui. Dieu sait pourtant si, dans l'état où elle est, la malheureuse femme aurait besoin d'un soutien comme Fabian !

— En vérité, dis-je, en dépit de tout ce qui peut en résulter, nous ne pouvons souhaiter qu'une chose et pour Ellen et pour Fabian, c'est que cet Harry Drake succombe. La justice est de notre côté.

— Certes, répondit le capitaine, mais il est permis de trembler pour les autres, et je suis navré de n'avoir pu, fût-ce au prix de ma vie, éviter cette rencontre à Fabian.

— Capitaine, répondis-je en prenant la main de cet ami dévoué, nous n'avons pas encore reçu la visite des témoins de Drake. Aussi, bien que toutes les circonstances vous donnent raison, je ne puis désespérer encore.

— Connaissez-vous un moyen d'empêcher cette affaire ?

— Aucun jusqu'ici. Toutefois, ce duel, s'il doit avoir lieu, ne peut, il me semble, avoir lieu qu'en Amérique, et, avant que nous ne soyons arrivés, le hasard qui a créé cette situation pourra peut-être la dénouer. »

Le capitaine Corsican secoua la tête en homme qui n'admet pas l'efficacité du hasard dans les choses humaines. En ce moment, Fabian monta l'escalier du capot qui aboutissait au pont. Je ne le vis qu'un instant. La pâleur de son front me frappa. La plaie saignante s'était ravivée en lui. Il faisait mal à voir. Nous le suivîmes. Il errait sans but, évoquant cette pauvre âme à demi échappée de sa mortelle enveloppe, et cherchant à nous éviter.

L'amitié peut quelquefois être importune. Aussi Corsican et moi, nous pensâmes que mieux valait respecter cette douleur en n'intervenant pas. Mais soudain Fabian se rapprocha, puis, venant à nous :

« C'était elle ! la folle ? dit-il. C'était Ellen, n'est-ce pas ? Pauvre Ellen ! »

Il doutait encore, et il s'en alla sans attendre une réponse que nous n'aurions pas eu le courage de lui faire.

XXVIII

A midi, je n'avais pas encore appris que Drake eût envoyé ses témoins à Fabian. Cependant, ces préliminaires auraient déjà dû être remplis, si Drake eût été décidé à demander sur-le-champ une réparation par les armes. Ce retard pouvait-il nous donner un espoir? Je savais bien que les races saxonnes entendent autrement que nous la question du point d'honneur, et que le duel a presque entièrement disparu des mœurs anglaises. Ainsi que je l'ai dit, non-seulement la loi est sévère pour les duellistes et on ne peut la tourner comme en France, mais l'opinion publique surtout se déclare contre eux. Toutefois, en cette circonstance, le cas était particulier. L'affaire avait été évidemment cherchée, voulue. L'offensé avait pour ainsi dire provoqué l'offenseur, et mes raisonnements aboutissaient toujours à cette conclusion qu'une rencontre était inévitable entre Fabian et Harry Drake.

En ce moment, le pont fut envahi par la foule des promeneurs. C'étaient les fidèles endimanchés qui revenaient du temple. Officiers, matelots et passagers regagnaient leurs postes, leurs cabines.

A midi et demi, le point affiché donna par observation les résultats suivants :

Lat. 40° 33′ *N.*
Long. 66° 21′ *W.*
Course : 214 *milles.*

Le *Great-Eastern* ne se trouvait plus qu'à 348 milles de la pointe de Sandy-Hook, langue sablonneuse qui forme l'entrée des passes de New-York. Il ne pouvait tarder à flotter sur les eaux américaines.

Pendant le lunch, je ne vis pas Fabian à sa place accoutumée, mais Drake occupait la sienne. Quoique bruyant, ce misérable me parut inquiet. Demandait-il à l'excitation du vin l'oubli de ses remords? je ne sais, mais il se livrait à de fréquentes libations en compagnie de ses compagnons habituels. Plusieurs fois il me regarda « en dessous, » n'osant et ne voulant me fixer, malgré son effronterie. Cherchait-il Fabian dans la foule des convives? je ne pourrais le dire. Un fait à noter, c'est qu'il abandonna brusquement la table avant la fin du repas. Je me levai aussitôt pour l'observer, mais il se dirigea vers sa cabine et s'y enferma.

Je montai sur le pont. La mer était admirable, le ciel pur. Pas un nuage à l'un, pas une écume à l'autre. Ces deux miroirs se renvoyaient mutuellement leurs nuances azurées. Le docteur Pitferge, que je rencontrai me donna de mauvaises nouvelles du matelot blessé. L'état du malade empirait, et, malgré l'assurance du médecin, il était difficile qu'il en revînt.

A quatre heures, quelques minutes avant le dîner, un navire fut signalé par bâbord. Le second me dit que ce devait être le *City of Paris*, de 2750 tonneaux, l'un des plus beaux steamers de la compagnie Inman; mais il se trompait; ce paquebot s'étant rapproché envoya son nom : *Saxonia*, de *Steam-National Company*. Pendant quelques instants, les deux bâtiments coururent à contre-bord à moins de trois encâblures l'un de l'autre. Le pont du *Saxonia* était couvert de passagers qui nous saluèrent d'un triple hurrah.

A cinq heures, nouveau navire à l'horizon, mais trop éloigné pour que sa nationalité pût être reconnue. C'était sans doute le *City of Paris*. Grande attraction que ces rencontres de bâtiments, ces hôtes de l'Atlantique, qui se saluent au passage! On comprend, en effet, qu'il n'y ait pas d'indifférence possible de navire à navire. Le commun danger de l'élément affronté est un lien, même entre inconnus.

A six heures, troisième navire, *Philadelphia*, de la ligne Inman, affecté au transport des émigrants de Liverpool à New-York. Décidément, nous parcourions des mers fréquentées, et la terre ne pouvait être loin. J'aurais déjà voulu y toucher.

On attendait aussi *l'Europe*, paquebot à roues de 3200 tonneaux de jauge et de 1300 chevaux de force. Ce steamer appartient à la compagnie transatlantique et fait le service des passagers entre le Havre et New-York, mais il ne fut pas signalé. Il avait sans doute passé plus au nord.

La nuit se fit vers sept heures et demie. Le croissant de la lune se dégagea des rayons du soleil couchant et resta quelque temps suspendu au-dessus de l'horizon. Une lecture religieuse, faite par le capitaine Anderson dans le grand salon et entrecoupée de cantiques, se prolongea jusqu'à neuf heures du soir.

La journée se termina sans que ni le capitaine Corsican ni moi, nous eussions encore reçu la visite des témoins d'Harry Drake.

XXIX

Le lendemain, lundi 8 avril, ce fut une admirable journée. Le soleil était radieux dès son lever. Sur le pont je rencontrai le docteur qui se baignait dans les effluves lumineuses. Il vint à moi.

« Eh bien! me dit-il, il est mort, notre pauvre blessé, mort dans la nuit. Les médecins en répondaient!... Oh! les médecins! Ils ne doutent de rien! Voilà le quatrième compagnon qui nous quitte depuis

UNE VILLE FLOTTANTE.

Liverpool, le quatrième à porter au passif du *Great-Eastern*, et le voyage n'est pas achevé!

— Pauvre diable! dis-je, au moment d'arriver au port, presque en vue des côtes américaines. Que deviendront sa femme et ses petits-enfants?

— Que voulez-vous, mon cher monsieur, me répondit le docteur, c'est la loi, la grande loi! Il faut bien mourir! Il faut bien se retirer devant ceux qui viennent! On ne meurt, c'est mon opinion du moins, que parce qu'on occupe une place à laquelle un autre a droit! Et savez-vous combien de gens seront morts pendant la durée de mon existence, si je vis soixante ans?

— Je ne m'en doute pas, docteur.

— Le calcul est bien simple, reprit Dean Pitferge. Si je vis jusqu'à soixante ans, j'aurai vécu vingt et un mille neuf cents jours, soit cinq cent vingt-cinq mille six cents heures, soit trente et un millions cinq cent trente-six mille minutes, enfin soit un milliard huit cent quatre-vingt-deux millions cent soixante mille secondes. En chiffres ronds, deux milliards de secondes. Or, pendant ce temps, il sera précisément mort deux milliards d'individus qui gênaient leurs successeurs, et je partirai, à mon tour, quand je serai devenu gênant. Toute la question est de ne gêner que le plus tard possible. »

Le docteur continua pendant quelque temps cette thèse, tendant à me prouver, chose facile, que nous sommes tous mortels. Je ne crus pas devoir discuter et le laissai dire. En nous promenant, lui parlant, moi écoutant, je vis les charpentiers du bord qui s'occupaient à réparer les pavois défoncés à l'avant par le double coup de mer. Si le capitaine Anderson ne voulait pas entrer à New-York avec des avaries, les charpentiers devaient se hâter, car le *Great-Eastern* marchait rapidement sur ces eaux calmes, et jamais, je crois, sa vitesse n'avait été si considérable. Je le compris à l'enjouement des deux fiancés, qui, penchés sur la balustrade, ne comptaient plus les tours de roue. Les longs pistons se développaient avec entrain, et les énormes cylindres, oscillant sur leurs tourillons, ressemblaient à une sonnerie de grosses cloches lancées à toute volée. Les roues fournissaient alors onze tours par minute, et le steam-ship marchait à raison de treize milles à l'heure.

A midi, les officiers se dispensèrent de faire le point. Ils connaissaient leur situation par l'estime, et la terre devait être signalée avant peu.

Tandis que je me promenais après le lunch, le capitaine Corsican vint à moi. Il avait quelque nouvelle à me communiquer. Je le compris en voyant sa physionomie soucieuse.

« Fabian, me dit-il, a reçu les témoins de Drake. Il me prie d'être son témoin, et vous demande de vouloir bien l'assister dans cette affaire. Il peut compter sur vous?

— Oui, capitaine. Ainsi tout espoir d'éloigner ou d'empêcher cette rencontre s'évanouit ?

— Tout espoir.

— Mais dites-moi comment cette querelle a-t-elle pris naissance ?

— Une discussion de jeu, un prétexte, pas autre chose. En fait, si Fabian ne connaissait pas ce Drake, ce Drake le connaissait. Le nom de Fabian est un remords pour lui, et il veut tuer ce nom avec l'homme qui le porte.

— Quels sont les témoins d'Harry Drake ? demandai-je.

— L'un, me répondit Corsican, est ce farceur...

— Le docteur T... ?

— Précisément. L'autre est un Yankee que je ne connais pas.

— Quand doivent-ils venir vous trouver ?

— Je les attends ici. »

En effet, j'aperçus bientôt les deux témoins d'Harry Drake qui se dirigeaient vers nous. Le docteur T... se rengorgeait. Il se croyait grandi de vingt coudées, sans doute parce qu'il représentait un coquin. Son compagnon, un autre commensal de Drake, était un de ces marchands éclectiques qui ont toujours à vendre quoi que ce soit que vous leur proposiez d'acheter.

Le docteur T... prit la parole, après avoir salué emphatiquement, salut auquel le capitaine Corsican répondit à peine.

« Messieurs, dit le docteur T.... d'un ton solennel, notre ami Drake, un gentleman dont tout le monde a pu apprécier le mérite et les manières, nous a envoyés vers vous pour traiter d'une affaire délicate. C'est-à-dire que le capitaine Fabian Mac-Elwin, auquel nous nous étions d'abord adressés, vous a désignés tous les deux comme ses représentants dans cette affaire. Je pense donc que nous nous entendrons, comme il convient à des gens bien élevés, touchant les points délicats de notre mission. »

Nous ne répondions pas et nous laissions le personnage patauger dans sa « délicatesse. »

« Messieurs, reprit-il, il n'est pas discutable que les torts ne soient du côté du capitaine Mac-Elwin. Ce monsieur a, sans raison et même sans prétexte, suspecté l'honorabilité d'Harry Drake dans une question de jeu ; puis, avant toute provocation, il lui a fait la plus grave insulte qu'un gentleman puisse recevoir.... »

Toute cette phraséologie mielleuse impatienta le capitaine Corsican, qui se mordait la moustache. Il ne put y tenir plus longtemps.

« Au fait, monsieur, dit-il rudement au docteur T.., dont il coupa la parole. Pas tant de mots. L'affaire est très-simple. Le capitaine Mac-Elwin a levé la main sur monsieur Drake. Votre ami tient le soufflet pour reçu. Il est l'offensé. Il exige une réparation. Il a le choix des armes. Après?

— Le capitaine Mac-Elwin accepte ?... demanda le docteur, démonté par le ton de Corsican.

— Tout.

— Notre ami Harry Drake choisit l'épée.

— Bien. Où la rencontre aura-t-elle lieu ? A New-York ?

— Non ici, à bord.

— A bord, soit, si vous y tenez. Quand ? Demain matin ?

— Ce soir, à six heures, à l'arrière du grand rouffle qui, à ce moment, sera désert.

— C'est bien. »

Cela dit, le capitaine Corsican me prenant le bras, tourna le dos au docteur T....

XXX

Eloigner le dénouement de cette affaire n'était plus possible. Quelques heures seulement nous séparaient du moment où les deux adversaires se rencontreraient. D'où venait cette précipitation ! Pourquoi Harry Drake n'attendait-il pas pour se battre que son adversaire et lui fussent débarqués ? Ce navire, affrété par une compagnie française, lui semblait-il un terrain plus propice à cette rencontre qui devait être un duel à mort. Ou plutôt Drake avait-il donc un intérêt caché à se débarrasser de Fabian, avant que celui-ci mît le pied sur le continent américain et soupçonnât la présence d'Ellen à bord, que lui, Drake, devait croire ignorée de tous? Oui! ce devait être cela.

« Peu importe, après tout, dit le capitaine Corsican, il vaut mieux en finir.

— Prierai-je le docteur Pitferge d'assister au duel en qualité de médecin?

— Oui, vous ferez bien. »

Corsican me quitta pour rejoindre Fabian. La cloche de la passerelle tintait en ce moment. Je demandai au timonnier ce que signifiait ce tintement inaccoutumé. Cet homme m'apprit qu'on sonnait l'enterrement du matelot mort dans la nuit. En effet, cette triste cérémonie allait s'accomplir. Le temps, si beau jusqu'alors, tendait à se modifier. De gros nuages montaient lourdement dans le sud.

A l'appel de la cloche, les passagers se portèrent en foule sur tribord. Les passerelles, les tambours, les bastingages, les haubans, les embarcations suspendues à leurs porte-manteaux, se garnirent de spectateurs. Officiers, matelots, chauffeurs, qui n'étaient pas de service, vinrent se ranger sur le pont.

A deux heures, un groupe de marins apparut à l'extrémité du grand rouffle. Ce groupe quittait le poste des malades, et il passa devant la machine du gouvernail. Le corps du matelot, cousu dans un morceau de toile et fixé sur une planche avec un boulet aux pieds, était porté par quatre hommes. Le pavillon britannique enveloppait ce cadavre. Les porteurs, suivis de tous les camarades du mort, s'avancèrent lentement au milieu des assistants qui se découvraient sur leur passage.

Arrivés à l'arrière de la roue de tribord, le cortége s'arrêta, et le corps fut déposé sur le palier qui terminait l'escalier à la hauteur du pont, devant la coupée du navire.

En avant de la haie de spectateurs étagés sur le tambour, se tenaient en grand costume le capitaine Anderson et ses principaux officiers. Le capitaine avait à la main un livre de prières. Il ôta son chapeau, et, pendant quelques minutes, au milieu de ce profond silence que n'interrompait pas même la brise, il lut d'une voix grave la prière des morts. Dans cette atmosphère alourdie, orageuse, sans un bruit, sans un souffle, ses moindres paroles se faisaient entendre distinctement. Quelques passagers répondaient à voix basse.

Sur un signe du capitaine, le corps, enlevé par les porteurs, glissa jusqu'à la mer. Un instant, il surnagea, se redressa, puis il disparut au milieu d'un cercle d'écume.

En ce moment, la voix du matelot de vigie cria :

« Terre ! »

XXXI

Cette terre, annoncée à l'instant où la mer se refermait sur le corps du pauvre matelot, était jaune et basse. Cette ligne de dunes peu élevées, c'était Long-Island, l'île longue, grand banc de sable, revivifié par la végétation, qui couvre la côte américaine depuis la pointe Montauk jusqu'à Brooklyn, l'annexe de New-York. De nombreuses goëlettes de cabotage rangeaient cette île couverte de villas et de maisons de plaisance. C'est la campagne préférée des New-Yorkais.

Chaque passager salua de la main cette terre si désirée, après une traversée trop longue qui n'avait pas été exempte d'incidents pénibles. Toutes les lorgnettes étaient braquées sur ce premier échantillon du continent américain, et chacun de le voir avec des yeux différents, à travers ses regrets ou ses désirs. Les Yankees saluaient en lui la mère-patrie. Les Sudistes regardaient avec un certain dédain ces terres du nord, le dédain du vaincu pour le vainqueur. Les Canadiens l'observaient en hommes qui n'ont qu'un pas à faire pour se dire citoyens de l'Union. Les Californiens dépassant toutes ces plaines du Far-West et franchissant les Montagnes-Rocheuses, mettaient déjà le pied sur leurs inépuisables placers. Les Mormons, le front hautain, la lèvre méprisante, examinaient à peine ces rivages, et regardaient plus loin, dans son désert inaccessible, leur Lac-Salé et leur Cité-des-Saints. Quant aux jeunes fiancés, ce continent, c'était pour eux la Terre-Promise.

Le ciel, cependant, se noircissait de plus en plus. Tout l'horizon du sud était plein. La grosse bande de nuages s'approchait du zénith. La pesanteur de l'air s'accroissait. Une chaleur suffocante pénétrait l'atmosphère comme si le soleil de juillet l'eût frappée d'aplomb. Est-ce que nous n'en avions pas fini avec les incidents de cette interminable traversée ?

« Voulez-vous que je vous étonne ? me dit le docteur Pitferge qui m'avait rejoint sur les passavants.

— Etonnez-moi, docteur.

— Eh bien, nous aurons de l'orage, peut-être une tempête avant la fin de la journée.

— De l'orage au mois d'avril ! m'écriai-je.

— Le *Great-Eastern* se moque bien des saisons, reprit Dean Pitferge, haussant les épaules. C'est un orage fait pour lui. Voyez ces nuages de mauvaise mine qui envahissent le ciel. Ils ressemblent aux animaux des temps géologiques, et avant peu, ils s'entre-dévoreront.

— J'avoue, dis-je, que l'horizon est menaçant. Son aspect est orageux, et, trois mois plus tard, je serais de votre avis, mon cher docteur, mais aujourd'hui, non.

— Je vous répète, répondit Dean Pitferge en s'animant, que l'orage aura éclaté avant quelques heures. Je sens cela, comme un « storm-glass ». Voyez ces vapeurs qui se massent dans les hauteurs du ciel. Observez ces cyrrhus, ces « queues de chat » qui se fondent en une seule nuée, et ces anneaux épais qui serrent l'horizon. Bientôt il y aura condensation rapide des vapeurs, et par conséquent production d'électricité. D'ailleurs, le baromètre est tombé subitement à sept cent vingt et un millimètres, et les vents régnants sont les vents du sud-ouest, les seuls qui provoquent des orages pendant l'hiver.

— Vos observations peuvent être justes, docteur, répondis-je, en homme qui ne veut pas se rendre. Mais pourtant qui a jamais eu a subir des orages a cette époque et sous cette latitude ?

— On en cite, monsieur, on en cite dans les annuaires. Les hivers doux sont souvent marqués par des orages. Vous n'aviez qu'à vivre en 1172 ou seulement en 1824, et vous auriez entendu le tonnerre retentir en février dans le premier cas, et en décembre dans le second. En 1837, au mois de janvier, la foudre tomba près de Drammen en Norwége, et fit des dégats considérables et, l'année dernière, sur la Manche, au mois de février, des bateaux de pêche du Tréport ont été frappés de la foudre. Si j'avais le temps de consulter les statistiques, je vous confondrais.

— Enfin, docteur, puisque vous le voulez... Nous verrons bien. Vous n'avez pas peur du tonnerre, au moins?

— Moi ! répondit le docteur. Le tonnerre, c'est mon ami. Mieux même, c'est mon médecin.

— Votre médecin ?

— Sans doute. Tel que vous me voyez, j'ai été foudroyé dans mon lit, le 13 juillet 1867, à Kiew, près de Londres, et la foudre m'a guéri d'une paralysie du bras droit, qui résistait à tous les efforts de la médecine!

— Vous voulez rire ?

— Point. C'est un traitement économique, un traitement par l'électricité. Mon cher monsieur, il y a d'autres faits très-authentiques qui prouvent que le tonnerre en remontre aux docteurs les plus habiles, et son intervention est vraiment merveilleuse dans les cas désespérés.

— N'importe, dis-je, j'aurais peu de confiance en votre médecin, et je ne l'appellerais pas volontiers en consultation !

— Parce que vous ne l'avez pas vu à l'œuvre. Tenez, un exemple me revient à la mémoire. En 1817, dans le Connecticut, un paysan qui souffrait d'un asthme réputé incurable, fut foudroyé dans son champ et radicalement guéri. Un coup de foudre pectorale, celui-là !

9.

En vérité, le docteur eût été capable de mettre le tonnerre en pilules.

« Riez, ignorant, me dit-il, riez ! Vous ne connaissez décidément rien, soit au temps, soit à la médecine ! »

XXXII

Dean Pitferge me quitte. Je restai sur le pont, regardant monter l'orage. Fabian était encore renfermé dans sa cabine. Corsican avec lui. Fabian, sans doute, prenait quelques dispositions en cas de malheur. L'idée me revint alors qu'il avait une sœur à New-York, et je frémis à la pensée que nous aurions peut-être à lui rapporter mort le frère qu'elle attendait. J'aurais voulu voir Fabian, mais je pensai qu'il valait mieux ne troubler ni lui, ni le capitaine Corsican.

A quatre heures, nous eûmes connaissance d'une terre allongée devant la côte de Long-Island. C'était l'îlot de Fire-Island. Au milieu s'élevait un phare qui éclairait cette terre. En ce moment, les passagers avaient envahi les rouffles et les passerelles. Tous les regards se dirigeaient vers la côte qui nous restait environ à six milles dans le nord. On attendait le moment où l'arrivée du pilote réglerait la grande affaire de la poule. On comprend que les possesseurs de quarts d'heure de nuit, — j'étais du nombre, — avaient abandonné toute prétention, et que les quarts d'heure de jour, sauf ceux qui étaient compris entre quatre et six heures, n'avaient plus aucune chance. Avant la nuit, le pilote serait à bord et l'opération terminée. Tout l'intérêt se concentrait donc sur les sept ou huit personnes auxquelles le sort avait attribué les prochains quarts d'heure, et elles en profitaient pour vendre, acheter, revendre leurs chances avec une véritable furie. On se serait cru au Royal-Exchange de Londres

A quatre heures seize minutes, on signala par tribord une petite goëlette qui portait vers le steam-ship. Pas de doute possible : c'était le pilote. Il devait être à bord dans quatorze ou quinze minutes au plus. La lutte s'établissait donc sur le second et le troisième quarts comptés entre quatre et cinq heures du soir. Aussitôt les demandes et les offres se firent avec une vivacité nouvelle. Puis, des paris insensés de s'engager sur la personne même du pilote, et dont je rapporte fidèlement la teneur :

« Dix dollars, que le pilote est marié.

— Vingt dollars, qu'il est veuf.

— Trente dollars, qu'il porte des moustaches.

— Cinquante dollars, que ses favoris sont roux.

— Soixante dollars, qu'il a une verrue au nez!

— Cent dollars, qu'il mettra d'abord le pied droit sur le pont.

— Il fumera.

— Il aura une pipe à la bouche.

— Non ? un cigare !

— Non ! Oui ! Non ! »

Et vingt autres gageures aussi absurdes qui trouvaient des parieurs plus absurdes pour les tenir.

Pendant ce temps, la petite goëlette, ses voiles au plus près, tribord amures, s'approchait sensiblement du steam-ship. On distinguait ses formes gracieuses, assez relevées de l'avant, et sa voûte allongée qui lui donnait l'aspect d'un yacht de plaisance. Charmantes et solides embarcations que ces bateaux-pilotes de cinquante à soixante tonneaux, bien construits pour tenir la mer, ayant du pied dans l'eau et s'élevant à la lame comme une mauve. On ferait le tour du monde sur ces yachts-là, et les caravelles de Magellan ne les valaient pas. Cette goëlette, gracieusement inclinée, portait tout dessus, malgré la brise qui commençait à fraîchir. Ses flèches et ses voiles d'étai se découpaient en blanc sur le fond noir du ciel. La mer écumait sous son étrave. Arrivée à deux encâblures du *Great-Eastern*, elle masqua subitement et lança son canot à la mer. Le capitaine Anderson fit stopper, et pour la première fois depuis quatorze jours, les roues et l'hélice s'arrêtèrent. Un homme descendit dans le canot de la goëlette. Quatre matelots nagèrent vers le steam-ship. Une échelle de corde fut jetée sur les flancs du colosse près duquel accosta la coquille de noix du pilote. Celui-ci saisit l'échelle, grimpa agilement et sauta sur le pont.

Les cris de joie des gagnants, les exclamations des perdants l'accueillirent, et la poule fut réglée sur les données suivantes :

Le pilote était marié.

Il n'avait pas de verrue.

Il portait des moustaches blondes.

Il avait sauté à pieds joints.

Enfin, il était quatre heures trente-six minutes au moment où il mettait le pied sur le pont du *Great-Eastern*.

Le possesseur du vingt-troisième quart-d'heure gagnait donc quatre-vingt-seize dollars. C'était le capitaine Corsican, qui ne songeait guère à ce gain inattendu. Bientôt il parut sur le pont, et quand on lui présenta l'enjeu de la poule, il pria le capitaine Anderson de le garder pour la veuve du jeune matelot si malheureusement tué par le coup de mer. Le commandant lui donna une poignée de main sans mot dire. Un instant après, un marin vint trouver Corsican, et le saluant avec une certaine brusquerie :

« Monsieur, lui dit-il, les camarades m'envoient vous dire que vous êtes un brave homme. Ils vous remercient tous au nom du pauvre Wilson, qui ne peut vous remercier lui-même. »

Le capitaine Corsican, ému, serra la main du matelot.

Quant au pilote, un homme de petite taille, l'air peu marin, il portait une casquette de toile cirée, un pantalon noir, une redingote brune à doublure rouge et un parapluie. C'était maintenant le maître à bord.

En sautant sur le pont, avant de monter sur la passerelle, il avait jeté une liasse de journaux sur lesquels les passagers se précipitèrent avidement. C'étaient les nouvelles de l'Europe et de l'Amérique. C'était le lien politique et civil qui se renouait entre le *Great-Eastern* et les deux continents.

XXXIII

L'orage était formé. La lutte des éléments allait commencer. Une épaisse voûte de nuages de teinte uniforme s'arrondissait au-dessus de nous. L'atmosphère assombrie offrait un aspect cotonneux. La nature voulait évidemment justifier les pressentiments du docteur Pitferge. Le steam-ship ralentissait peu à peu sa marche. Les roues ne donnaient plus que trois ou quatre tours à la minute. Par les soupapes entr'ouvertes s'échappaient des tourbillons de vapeur blanche. Les chaînes des ancres étaient parées. A la corne d'artimon flottait le pavillon britannique. Le capitaine

Anderson avait pris toutes ses dispositions pour le mouillage. Du haut du tambour de tribord, le pilote, d'un signe de la main, faisait évoluer le steam-ship dans les étroites passes. Mais le reflux renvoyait déjà, et la barre qui coupe l'embouchure de l'Hudson ne pouvait plus être franchie par le *Great-Eastern*. Force était d'attendre la pleine mer du lendemain. Un jour encore !

A cinq heures moins le quart, sur un ordre du pilote, les ancres furent envoyées par le fond. Les chaînes coururent à travers les écubiers avec un fracas comparable à celui du tonnerre. Je crus même, un instant, que l'orage commençait. Lorsque les pattes eurent mordu le sable, le steam-ship évita sous la poussée du jusant et demeura immobile. Pas une seule ondulation ne dénivelait la mer. Le *Great-Eastern* n'était plus qu'un îlot.

En ce moment, la trompette du steward retentit pour la dernière fois. Elle appelait les passagers au dîner d'adieu. La *Société des Affréteurs* allait prodiguer le champagne à ses hôtes. Pas un n'eût voulu manquer à l'appel. Un quart d'heure après, les salons regorgeaient de convives, et le pont était désert.

Sept personnes, toutefois, devaient laisser leur place inoccupée, les deux adversaires dont la vie allait se jouer dans un duel, et les quatre témoins et le docteur qui les assistaient. L'heure de cette rencontre était bien choisie. Le lieu du combat également.

Personne sur le pont. Les passagers étaient descendus aux « dining-rooms, » les matelots dans leur poste, les officiers à leur cantine particulière. Plus un seul timonier à l'arrière, le steam-ship étant immobile sur ses ancres.

A cinq heures dix minutes, le docteur et moi, nous fûmes rejoints par Fabian et le capitaine Corsican. Je n'avais pas vu Fabian depuis la scène du jeu. Il me parut triste, mais extrêmement calme. Cette rencontre ne le préoccupait pas. Ses pensées étaient ailleurs, et ses regards inquiets cherchaient toujours Ellen. Il se contenta de me tendre la main sans prononcer une parole.

« Harry Drake n'est pas encore arrivé? me demanda le capitaine Corsican.

— Pas encore, répondis-je.

— Allons à l'arrière. C'est là le lieu du rendez-vous. »

Fabian, le capitaine Corsican et moi, nous suivîmes le grand rouffle. Le ciel s'obscurcissait. De sourds grondements roulaient à l'horizon. C'était comme une basse continue sur laquelle se détachaient vivement les hurrahs et les « hips » qui s'échappaient des salons. Quelques éclairs éloignés scarifiaient l'épaisse voûte de nuages. L'électricité, violemment tendue, saturait l'atmosphère.

A cinq heures vingt minutes, Harry Drake et ses deux témoins arrivèrent. Ces messieurs nous saluèrent, et leur salut leur fut strictement rendu. Drake ne prononça pas un seul mot. Sa figure marquait cependant une animation mal contenue. Il jeta sur Fabian un regard de haine. Fabian, appuyé contre le caillebotis, ne le vit même pas. Il était perdu dans une contemplation profonde, et il semblait ne pas songer encore au rôle qu'il avait à jouer dans ce drame.

Cependant, le capitaine Corsican s'adressant au Yankee, l'un des témoins de Drake, lui demanda les épées. Celui-ci les présenta. C'étaient des épées de combat, dont la coquille pleine protége entièrement la main qui les tient. Corsican les prit, les fit plier, les mesura et en laissa choisir une au Yankee. Harry Drake, pendant ces préparatifs, avait jeté son chapeau, ôté son habit, dégrafé sa chemise, retourné ses manchettes. Puis il saisit l'épée. Je vis alors qu'il était gaucher. Avantage incontestable pour lui, habitué à tirer avec des droitiers.

Fabian n'avait pas encore quitté sa place. On eût cru que ces préparatifs ne le regardaient pas. Le capitaine Corsican s'avança, le toucha de la main, et lui présenta l'épée. Fabian regarda ce fer qui étincelait, et il sembla que toute sa mémoire lui revenait en ce moment.

Il prit l'épée d'une main ferme :

« C'est juste, murmura-t-il. Je me souviens! »

Puis il se plaça devant Harry-Drake, qui tomba aussitôt en garde. Dans cet espace restreint, rompre était presque impossible. Celui des deux adversaires qui se fût acculé aux pavois eût été fort mal pris. Il fallait pour ainsi dire se battre sur place.

« Allez, messieurs, » dit le capitaine Corsican.

Les épées s'engagèrent aussitôt. Dès les premiers froissements du fer, quelques rapides *une-deux*, portés de part et d'autre, certains dégagements et des ripostes du *tac-au-tac* me prouvèrent que Fabian et Drake devaient être à peu près d'égale force. J'augurai bien de Fabian; il était froid, maître de lui, sans colère, presque indifférent au combat, moins ému certainement que ses propres témoins. Harry Drake, au contraire, le regardait d'un œil injecté ; ses dents apparaissaient sous sa lèvre à demi-relevée ; sa tête était ramassée dans ses épaules, et sa physionomie offrait les symptômes d'une haine violente, qui ne lui laissait pas tout son sang-froid. Il était venu là pour tuer, et il voulait tuer.

Après un premier engagement qui dura quelques minutes, les épées s'abaissèrent. Aucun des adversaires n'avait été touché. Une simple éraflure se dessinait sur la manche de Fabian. Drake et lui se reposaient, et Drake essuyait la sueur qui inondait son visage.

L'orage se déchaînait alors dans toute sa fureur. Les roulements du tonnerre ne discontinuaient pas, et de violents fracas s'en détachaient par instants. L'électricité se développait avec une intensité telle, que les épées s'empanachaient d'une aigrette lumineuse, comme des paratonnerres au milieu de nuages orageux.

Après quelques moments de repos, le capitaine Corsican donna de nouveau le signal de reprise. Fabian et Harry Drake retombèrent en garde.

Cette reprise fut beaucoup plus animée que la première, Fabian se défendant avec un calme étonnant, Drake attaquant avec rage. Plusieurs fois, après un coup furieux, j'attendis une riposte de Fabian qui ne fut même pas essayée.

Tout d'un coup, sur un dégagement en tierce, Drake se fendit. Je crus que Fabian était touché en pleine poitrine. Mais il avait rompu, et sur ce coup porté trop bas, parant quinte, il avait frappé l'épée d'Harry d'un coup sec. Celui-ci se releva en se couvrant par un rapide demi-cercle, tandis que les éclairs déchiraient la nue au-dessus de nos têtes.

Fabian l'avait belle pour riposter. Mais non. Il attendit, laissant à son adversaire le temps de se remettre. Je l'avoue, cette magnanimité ne fut pas de mon goût. Harry Drake n'était pas de ceux qu'il est bon de ménager.

Tout d'un coup, et sans que rien pût m'expliquer cet étrange abandon de lui-même, Fabian laissa tomber son épée. Avait-il donc été touché mortellement sans que nous l'eussions soupçonné? Tout mon sang me reflua au cœur.

Cependant, le regard de Fabian avait pris une animation singulière.

« Défendez-vous donc, » s'écria Drake rugissant, ramassé sur ses jarrets comme un tigre, et prêt à se précipiter sur son adversaire.

Je crus que c'en était fait de Fabian désarmé. Corsican allait se jeter entre lui et son ennemi pour empêcher celui-ci de frapper un homme sans défense…. Mais Harry Drake, stupéfié, restait à son tour immobile.

Je me retournai. Pâle comme une morte, les mains étendues, Ellen s'avançait vers les combattants. Fabian, les bras ouverts, fasciné par cette apparition, ne bougeait pas.

« Vous! Vous! s'écria Harry Drake s'adressant à Ellen. Vous ici! »

Son épée haute frémissait, avec sa pointe en feu. On eût dit le glaive de l'archange Michel dans les mains du démon.

Tout à coup, un éblouissant éclair, une illumination violente enveloppa l'arrière du steam-ship tout entier. Je fus presque renversé et comme suffoqué. L'éclair et le tonnerre n'avaient fait qu'un coup. Une odeur de soufre se dégageait. Par un effort suprême, je repris néanmoins mes sens. J'étais tombé sur un genou. Je me relevai. Je regardai. Ellen s'appuyait sur Fabian. Harry Drake, pétrifié, était resté dans la même position, mais son visage était noir!

Le malheureux, provoquant l'éclair de sa pointe, avait-il donc été foudroyé?

Ellen quitta Fabian, s'approcha d'Harry Drake, le regard plein d'une céleste compassion. Elle lui posa la main sur l'épaule.... Ce léger contact suffit pour rompre l'équilibre. Le corps de Drake tomba comme une masse inerte.

Ellen se courba sur ce cadavre, pendant que nous reculions épouvantés. Le misérable Harry était mort.

« Foudroyé! dit le docteur, me saisissant le bras, foudroyé! Ah! vous ne vouliez pas croire à l'intervention de la foudre? »

Harry Drake avait-il été en effet foudroyé, comme l'affirmait Dean Pitferge, ou plutôt, ainsi que le soutint plus tard le médecin du bord, un vaisseau s'était-il rompu dans la poitrine du malheureux? je n'en sais rien. Toujours est-il que nous n'avions plus sous les yeux qu'un cadavre.

XXXIV

Le lendemain, mardi 9 avril, à onze heures du matin, le *Great-Eastern* levait l'ancre, et appareillait pour entrer dans l'Hudson. Le pilote manœuvrait avec une incomparable sûreté de coup d'œil. L'orage s'était dissipé pendant la nuit. Les derniers nuages disparaissaient au-dessous de l'horizon. La mer s'animait sous l'évolution d'une flottille de goëlettes qui ralliaient la côte.

Vers onze heures et demie, « la Santé » arriva. C'était un petit bateau à vapeur portant la commission sanitaire de New-York. Muni d'un balancier qui s'élevait et s'abaissait au-dessus du pont, il marchait avec une extrême rapidité, et me donnait un aperçu de ces petits tenders américains, tous construits sur le même modèle, dont une vingtaine nous fit bientôt cortége.

Bientôt nous eûmes dépassé le Light-Boat, feu flottant qui marque les passes de l'Hudson. La pointe de Sandy-Hook, langue sablonneuse terminée par un phare, fut rangée de près, et là, quelques groupes de spectateurs nous lancèrent une bordée de hurrahs.

Lorsque le *Great-Eastern* eut contourné la baie intérieure formée par la pointe de Sandy-Hook, au milieu d'une flottille de pêcheurs, j'aperçus les verdoyantes hauteurs du New-Jersey, les énormes forts de la baie, puis la ligne basse de la grande ville allongée entre l'Hudson et la rivière de l'Est, comme Lyon entre le Rhône et la Saône.

A une heure, après avoir longé les quais de New-York, le *Great-Eastern* mouillait dans l'Hudson, et les ancres se crochaient dans les câbles télégraphiques du fleuve, qu'il fallut briser au départ.

Alors commença le débarquement de tous ces compagnons de voyage, ces compatriotes d'une traversée, que je ne devais plus revoir, les Californiens, les Sudistes, les Mormons, le jeune couple.... J'attendais Fabian, j'attendais Corsican.

J'avais dû raconter au capitaine Anderson les incidents du duel qui s'était passé à son bord. Les médecins firent leur rapport. La justice n'ayant rien à voir dans la mort d'Harry Drake, des ordres avaient été donnés pour que les derniers devoirs lui fussent rendus à terre.

En ce moment, le statisticien Cokburn, qui ne m'avait pas parlé de tout le voyage, s'approcha de moi et me dit :

« Savez-vous, monsieur, combien les roues ont fait de tours pendant la traversée ?

— Non, monsieur.

— Cent mille sept cent vingt-trois, monsieur.

— Ah! vraiment, monsieur! Et l'hélice s'il vous plaît?

— Six cent huit mille cent trente tours, monsieur.

— Bien obligé, monsieur. »

Et le statisticien Cokburn me quitta sans me saluer d'un adieu quelconque.

Fabian et Corsican me rejoignirent en ce moment. Fabian me pressa la main avec effusion.

« Ellen, me dit-il, Ellen guérira! Sa raison lui est revenue un instant! Ah! Dieu est juste, il la lui rendra tout entière! »

Fabian, parlant ainsi, souriait à l'avenir. Quant au capitaine Corsican, il m'embrassa sans cérémonie, mais d'une rude façon :

« Au revoir, au revoir, » me cria-t-il, lorsqu'il eut pris place sur le tender où se trouvaient déjà Fabian et Ellen sous la garde de Mrs. R...., la sœur du capitaine Mac Elwin, venue au-devant de son frère.

Puis le tender déborda, emmenant ce premier convoi de passagers au « pier » de la Douane.

Je le regardai s'éloigner. En voyant Ellen entre Fabian et sa sœur, je ne doutai pas que les soins, le dévouement, l'amour, ne parvinssent à ramener cette pauvre âme égarée par la douleur.

En ce moment, je me sentis saisi par le bras. Je reconnus l'étreinte du docteur Dean Pitferge.

« Eh bien, me dit-il, que devenez-vous?

— Ma foi, docteur, puisque le *Great-Eastern* reste cent quatre-vingt douze heures à New-York et que je dois reprendre passage à son bord, j'ai cent quatre-vingt douze heures à dépenser en Amérique. Cela ne fait que huit jours, mais huit jours bien employés, c'est assez peut-être pour voir New-York, l'Hudson, la vallée de la Mohawk, le lac Érié, le Niagara, et tout ce pays chanté par Cooper.

— Ah! vous allez au Niagara? s'écria Dean Pitferge. Ma foi, je ne serais pas fâché de le revoir, et si ma proposition ne vous paraît pas indiscrète?... »

Le digne docteur m'amusait par ses lubies. Il m'intéressait. C'était un guide tout trouvé et un guide fort instruit.

« Topez là, » lui dis-je.

Un quart d'heure après, nous nous embarquions sur le tender, et à trois heures, après avoir remonté le Broadway, nous étions installés dans deux chambres de *Fifth-Avenue-Hotel*.

XXXV

Huit jours à passer en Amérique ! Le *Great-Eastern* devait partir le 16 avril, et c'était le 9, à trois heures du soir, que j'avais mis le pied sur la terre de l'Union. Huit jours ! Il y a des touristes enragés, des « voyageurs-express » auxquels ce temps eût probablement suffi à visiter l'Amérique tout entière ! Je n'avais pas cette prétention. Pas même celle de visiter New-York sérieusement et de faire, après cet examen extra-rapide, un livre sur les mœurs et le caractère des Américains. Mais dans sa constitution, dans son aspect physique, New-York est vite vu. Ce n'est guère plus varié qu'un échiquier. Des rues qui se coupent à angle droit, nommées « avenues » quand elles sont longitudinales, et « streets » quand elles sont transversales; des numéros d'ordre sur ces diverses voies de communication, disposition très-pratique, mais très-monotone; des omnibus américains desservant toutes les avenues. Qui a vu un quartier de New-York connaît toute la grande cité, sauf peut-être cet imbroglio de rues et de ruelles enchevêtrées dans sa pointe sud, où s'est massée la population commerçante. New-York est une langue de terre, et toute son activité se retrouve sur le bout de cette « langue. » De chaque côté se développent l'Hudson et la Rivière de l'Est, deux véritables bras de mer sillonnés de navires, et dont les ferry-boats relient la ville à droite avec Brooklyn, à gauche avec les rives du New-Jersey. Une seule artère coupe de biais la symétrique agglomération des quartiers de New-York et y porte la vie. C'est le vieux Broadway, le Strand de Londres, le boulevard Montmartre de Paris ; à peu près impraticable dans sa partie basse où la foule afflue, et presque désert dans sa partie haute ; une rue où les bicoques et les palais de marbre se coudoient; un véritable fleuve de fiacres, d'omnibus, de cabs, de haquets, de fardiers, avec des trottoirs pour rivages et au-dessus duquel il a fallu jeter des ponts pour livrer passage aux piétons. Broadway, c'est New-York, et c'est là que le docteur Pitferge et moi, nous nous promenâmes jusqu'au soir.

Après avoir dîné à *Fifth-Avenue-Hotel*, où l'on nous servit solennellement des ragoûts lilliputiens sur des plats de poupées, j'allai finir la journée au théâtre de Barnum. On y jouait un drame qui attirait la foule: *New-York's Streets*. Au quatrième acte, il y avait un incendie et une vraie pompe à vapeur, manœuvrée par de vrais pompiers. De là « great attraction. »

Le lendemain matin, je laissai le docteur courir à ses affaires. Nous devions nous retrouver à l'hôtel, à deux heures. J'allai, Liberty street, 51, à la poste, prendre les lettres qui m'attendaient, puis à Rowling-Green, 2, au bas de Broadway, chez le consul de France, M. le baron Gauldrée Boilleau qui m'accueillit fort bien, puis à la maison Hoffmann où j'avais à toucher une traite, et enfin au numéro 25 de la trente-sixième rue, chez Mrs. R.... la sœur de Fabian, dont j'avais l'adresse. Il me tardait de savoir des nouvelles d'Ellen et de mes deux amis. Là, j'appris que sur le conseil des médecins, Mrs. R..., Fabian et Corsican avaient quitté New-York, emmenant la jeune femme, que l'air et la tranquillité de la campagne devaient influencer favorablement. Un mot de Corsican me prévenait de ce départ subit. Le brave capitaine était venu à *Fifth-Avenue-Hotel*, sans m'y rencontrer. Où ses amis et lui allaient-ils en quittant New-York? Un peu devant eux. Au premier beau site qui frapperait Ellen, ils comptaient s'arrêter tant que le charme durerait. Lui, Corsican, me tiendrait au courant, et il espérait que je ne partirais pas sans les avoir embrassés tous une dernière fois. Oui, certes, et ne fût-ce que pour quelques heures, j'aurais été heureux de retrouver Ellen, Fabian et le capitaine Corsican! Mais, c'est là le revers des voyages, pressé comme je l'étais, eux partis, moi partant, chacun de son côté, il ne fallait pas compter se revoir.

A deux heures, j'étais de retour à l'hôtel. Je trouvai le docteur dans le « bar-room, » encombré comme une bourse ou comme une halle, véritable salle publique où se mêlent les passants et les voyageurs, et dans laquelle tout venant trouve, gratis, de l'eau glacée, du biscuit et du chester.

« Eh bien, docteur, dis-je, quand partons-nous ?
— Ce soir à six heures.
— Nous prenons le rail-road de l'Hudson ?
— Non, le *Saint-John*, un steamer merveilleux, un autre monde, un *Great-Eastern* de rivière, un de ces admirables engins de locomotion qui sautent volontiers. J'aurais préféré vous montrer l'Hudson pendant le jour, mais le *Saint-John* ne marche que la nuit. Demain, à cinq heures du matin, nous serons à Albany. A six heures, nous prendrons le New-York central rail-road, et le soir, nous souperons à Niagara-Falls. »

Je n'avais pas à discuter le programme du docteur. Je l'acceptai les yeux fermés. L'ascenseur de l'hôtel, mu sur sa vis verticale, nous hissa jusqu'à nos chambres et nous redescendit, quelques minutes après, avec notre sac de touriste. Un fiacre à vingt francs la course nous conduisit en un quart d'heure au « pier » de l'Hudson, devant lequel le *Saint-John* se panachait déjà de gros tourbillons de fumée.

XXXVI

Le *Saint-John* et son pareil, le *Dean-Richmond*, étaient les plus beaux steam-boats du fleuve. Ce sont plutôt des édifices que des bateaux. Ils ont deux ou trois étages de terrasses, de galeries, de verandahs, de promenoirs. On dirait l'habitation flottante d'un planteur. Le tout est dominé par une vingtaine de poteaux pavoisés, reliés entre eux avec des armatures de fer, qui consolident l'ensemble de la construction. Les deux énormes tambours sont peints à fresque comme les tympans de l'église Saint-Marc à Venise. En arrière de chaque roue s'élève la cheminée des deux chaudières qui se trouvent placées extérieurement et non dans les flancs du steam-boat. Bonne précaution en cas d'explosion. Au centre, entre les tambours, se meut le mécanisme d'une extrême simplicité : un cylindre unique, un piston manœuvrant un long balancier qui s'élève et s'abaisse comme le marteau monstrueux d'une forge, et une seule bielle communiquant le mouvement à l'arbre de ces roues massives.

Une foule de passagers encombrait déjà le pont du *Saint-John*. Dean Pitferge et moi, nous allâmes retenir une cabine qui s'ouvrait sur un immense salon, sorte de galerie de Diane, dont la voûte arrondie reposait sur une succession de colonnes corinthiennes. Partout le confort et le luxe, des tapis, des divans, des canapés, des objets d'art, des peintures, des glaces, et le gaz fabriqué dans un petit gazomètre du bord.

En ce moment, la colossale machine tressaillit et se mit en marche. Je montai sur les terrasses supérieures. A l'avant, s'élevait une maison brillamment peinte. C'était la chambre des timoniers. Quatre hommes vigoureux se tenaient aux rayons de la double roue du gouvernail. Après une promenade de quelques minutes, je redescendis sur le pont, entre les chaudières déjà rouges, d'où s'échappaient de petites flammes bleues, sous la poussée de l'air que les ventilateurs y engouffraient. De l'Hudson je ne pouvais rien voir. La nuit venait, et avec la nuit, un brouillard « à couper au couteau. » Le *Saint-John* hennissait dans l'ombre, comme un formidable mastodonte. A peine entrevoyait-on les quelques lumières des villes étalées sur les rives, et les fanaux des bateaux à vapeur qui remontaient les eaux sombres à grands coups de sifflets.

A huit heures, je rentrai au salon. Le docteur m'emmena souper dans un magnifique restaurant installé sur l'entrepont et servi par une armée de domestiques noirs. Dean Pitferge m'apprit que le nombre des voyageurs à bord dépassait quatre mille, parmi lesquels on comptait quinze cents émigrants parqués sous la partie basse du steam-boat. Le souper terminé, nous allâmes nous coucher dans notre confortable cabine.

A onze heures, je fus réveillé par une sorte de choc. Le *Saint-John* s'était arrêté. Le capitaine, ne pouvant plus manœuvrer au milieu de ces épaisses ténèbres, avait fait stopper. L'énorme bateau, mouillé dans le chenal, s'endormit tranquillement sur ses ancres.

A quatre heures du matin, le *Saint-John* reprit sa marche. Je me levai et j'allai m'abriter sous la vérandah de l'avant. La pluie avait cessé ; la brume se levait ; les eaux du fleuve apparurent, puis ses rives ; la rive droite, mouvementée, revêtue d'arbres verts et d'arbrisseaux qui lui donnaient l'apparence d'un long cimetière ; à l'arrière-plan, de hautes collines fermant l'horizon par une ligne gracieuse ; au contraire, sur la rive gauche, des terrains plats et marécageux ; dans le lit du fleuve, entre les îles, des goëlettes appareillant sous la première brise, et des steam-boats remontant le courant rapide de l'Hudson.

Le docteur Pitferge était venu me rejoindre sous la vérandah.

« Bonjour, mon compagnon, me dit-il, après avoir humé un grand coup d'air. Savez-vous que, grâce à ce maudit brouillard, nous n'arriverons pas à Albany assez tôt pour prendre le premier train ! Cela va modifier mon programme.

— Tant pis, docteur, car il faut être économe de notre temps.

— Bon! nous en serons quittes pour atteindre Niagara-Falls dans la nuit, au lieu d'y arriver le soir. »

Cela ne faisait pas mon affaire, mais il fallut se résigner.

En effet, le *Saint-John* ne fut pas amarré au quai d'Albany avant huit heures. Le train du matin était parti. Donc, nécessité d'attendre le train d'une heure quarante. De là toute facilité pour visiter cette curieuse cité qui forme le centre législatif de l'État de New-York, la basse ville, commerciale et populeuse, établie sur la rive droite de l'Hudson, la haute ville avec ses maisons de brique, ses établissements publics, son très-remarquable muséum de fossiles. On eût dit un des grands quartiers de New-York transporté au flanc de cette colline sur laquelle il se développe en amphithéâtre.

A une heure, après avoir déjeuné, nous étions à la gare, une gare libre, sans barrière, sans gardiens. Le train stationnait tout simplement au milieu de la rue comme un omnibus sur une place. On monte quand on veut dans ces longs wagons, supportés à l'avant et à l'arrière par un système pivotant à quatre roues. Ces wagons communiquent entre eux par des passerelles qui permettent au voyageur de se promener d'une extrémité du convoi à l'autre. A l'heure dite, sans que nous eussions vu ni un chef ni un employé, sans un coup de cloche, sans un avertissement, la fringante locomotive, parée comme une châsse, — un bijou d'orfévrerie à poser sur une étagère, — se mit en mouvement, et nous voilà entraînés avec une vitesse de douze lieues à l'heure. Mais au lieu d'être emboîtés, comme on l'est dans les wagons des chemins français, nous étions libres d'aller, de venir, d'acheter des journaux et des livres « non estampillés. » L'estampille ne me paraît pas, je dois l'avouer, avoir pénétré dans les mœurs américaines; aucune censure n'a imaginé, dans ce singulier pays, qu'il fallût surveiller avec plus de soin la lecture des gens assis dans un wagon que celle des gens qui lisent au coin de leur feu, assis dans leur fauteuil. Nous pouvions faire tout cela, sans attendre les stations et les gares. Les buvettes ambulantes, les bibliothèques, tout marche avec les voyageurs. Pendant ce temps, le train traversait des champs sans barrières, des forêts nouvellement défrichées, au risque de heurter des troncs abattus, des villes nouvelles aux larges rues sillonnées de rails, mais auxquelles les maisons manquaient encore, des cités parées des plus poétiques noms de l'histoire ancienne, Rome, Syracuse, Palmyre! Et ce fut ainsi que défila devant nos yeux toute cette vallée de la Mohawk, ce pays de Fenimore qui appartient au romancier américain, comme le pays de Rob-Roy à Walter-Scott. A l'horizon étincela un instant le lac Ontario, où Cooper a placé les scènes de son chef-d'œuvre. Tout ce théâtre de la grande épopée de Bas-de-Cuir, contrée sauvage autrefois, est maintenant une campagne civilisée. Le docteur ne se sentait pas de joie. Il persistait à m'appeler Œil-de-Faucon, et ne voulait plus répondre qu'au nom de Chingakook!

A onze heures du soir, nous changions de train à Rochester, et nous passions les rapides de la Tennessée qui fuyaient en cascades sous nos wagons. A deux heures du matin, après avoir côtoyé le Niagara, sans le voir, pendant quelques lieues, nous arrivions au village de Niagara-Falls, et le docteur m'entrainait à un magnifique hôtel, superbement nommé *Cataract-House*.

XXXVII

Le Niagara n'est pas un fleuve, pas même une rivière : c'est un simple déversoir, une saignée naturelle, un canal long de trente-six milles, qui verse les eaux du lac Supérieur, du Michigan, de l'Huron et de l'Érié dans l'Ontario. La différence de niveau entre ces deux derniers lacs est de trois cent quarante pieds anglais; cette différence, uniformément répartie sur tout le parcours, eût à peine créé un « rapide; » mais les chutes seules en absorbent la moitié. De là leur formidable puissance.

Cette rigole niagarienne sépare les États-Unis du

Canada. Sa rive droite est américaine, sa rive gauche est anglaise. D'un côté, des policemen; de l'autre, pas même leur ombre.

Le matin du 12 avril, dès l'aube, le docteur et moi nous descendions les larges rues Niagara-Falls. C'est le nom de ce village, créé sur le bord des chutes à trois cents milles d'Albany, sorte de petite « ville d'eaux, » bâtie en bon air, dans un site charmant, pourvue d'hôtels somptueux et de villas confortables, que les Yankees et les Canadiens fréquentent pendant la belle saison. Le temps était magnifique; le soleil brillait sur un ciel froid. De sourds et lointains mugissements se faisaient entendre. J'apercevais à l'horizon quelques vapeurs qui ne devaient pas être des nuages.

« Est-ce la chute? demandai-je au docteur.

— Patience! » me répondit Pitferge.

En quelques minutes, nous étions arrivés sur les rives du Niagara. Les eaux de la rivière coulaient paisiblement; elles étaient claires et sans profondeur; de nombreuses pointes de roches grisâtres émergeaient çà et là. Les ronflements de la cataracte s'accentuaient, mais on ne l'apercevait pas encore. Un pont de bois, supporté sur des arches de fer, réunissait cette rive gauche à une île jetée au milieu du courant. Le docteur m'entraîna sur ce pont. En amont, la rivière s'étendait à perte de vue; en aval, c'est-à-dire sur notre droite, on sentait les premières dénivellations d'un rapide; puis, à un demi-mille du pont, le terrain manquait subitement; des nuages de poussière d'eau se tenaient suspendus dans l'air. C'était là la « chute américaine » que nous ne pouvions voir. Au delà se dessinait un paysage tranquille, quelques collines, des villas, des maisons, des arbres dépouillés, c'est-à-dire la rive canadienne.

« Ne regardez pas! ne regardez pas! me criait le docteur Pitferge. Réservez-vous! Fermez les yeux! Ne les ouvrez que lorsque je vous le dirai! »

Je n'écoutais guère mon original. Je regardais. Le pont franchi, nous prenions pied sur l'île. C'était Goat-Island, l'île de la chèvre, un morceau de terre de soixante-dix acres, couvert d'arbres, coupé d'allées superbes où peuvent circuler les voitures, jeté comme un bouquet entre les chutes américaine et canadienne, que sépare une distance de trois cents yards. Nous courions sous ces grands arbres; nous gravissions les pentes; nous dévalions les rampes. Le tonnerre des eaux redoublait; des nuages de vapeur humide roulaient dans l'air.

« Regardez! » s'écria le docteur.

Au sortir d'un massif, le Niagara venait d'apparaître dans toute sa splendeur. En cet endroit, il faisait un coude brusque, et, s'arrondissant pour former la chute canadienne, le « horse-shoe-fall », le fer à cheval, il tombait d'une hauteur de cent cinquante huit pieds sur une largeur de deux milles.

La nature, en cet endroit, l'un des plus beaux du

monde, a tout combiné pour émerveiller les yeux. Ce retour du Niagara sur lui-même favorise singulièrement les effets de lumière et d'ombre. Le soleil, en frappant ces eaux sous tous les angles, diversifie capricieusement leurs couleurs, et qui n'a pas vu cet effet ne l'admettra pas sans conteste. En effet, près de Goat-Island, l'écume est blanche; c'est une neige immaculée, une coulée d'argent fondu qui se précipite dans le vide. Au centre de la cataracte, les eaux sont d'un vert de mer admirable, qui indique combien la couche d'eau est épaisse; aussi un navire, le *Détroit*, tirant vingt pieds d'eau et lancé dans le courant, a-t-il pu descendre la chute « sans toucher. » Vers la rive canadienne, au contraire, les tourbillons, comme métallisés sous les rayons lumineux, resplendissent, et c'est de l'or en fusion qui tombe dans l'abîme. Au-dessous, la rivière est invisible. Les vapeurs y tourbillonnent. J'entrevois, cependant, d'énormes glaces accumulées par les froids de l'hiver; elles affectent des formes de monstres qui, la gueule ouverte, absorbent par heure les cent millions de tonnes que leur verse cet inépuisable Niagara. A un demi-mille en aval de la cataracte, la rivière est redevenue paisible, et présente une surface solide que les premières brises d'avril n'ont pu fondre encore.

« Et maintenant au milieu du torrent ! » me dit le docteur.

Qu'entendait-il par ces paroles? Je ne savais que

penser, quand il me montra une tour construite sur un bout de roc, à quelques cents pieds de la rive, au bord même du précipice. Ce monument « audacieux », élevé en 1833 par un certain Judge Porter, est nommé « Terrapin-tower. »

Nous descendîmes les rampes latérales de Goat-Island. Arrivé à la hauteur du cours supérieur du Niagara, je vis un pont, ou plutôt quelques planches jetées sur des têtes de rocs, qui unissaient la tour au rivage. Ce pont longeait l'abîme à quelques pas seulement. Le torrent mugissait au-dessous. Nous nous étions hasardés sur ces planches, et en quelques instants, nous avions atteint le bloc principal qui supporte Terrapin-Tower. Cette tour ronde, haute de quarante-cinq pieds, est construite en pierre. Au sommet se développe un balcon circulaire, autour d'un faîtage recouvert d'un stuc rougeâtre. L'escalier tournant est en bois. Des milliers de noms sont gravés sur ses marches. Une fois arrivé au haut de cette tour, on s'accroche au balcon et on regarde.

La tour est en pleine cataracte. De son sommet le regard plonge sur l'abîme. Il s'enfonce jusque dans la gueule de ces monstres de glace qui avalent le torrent. On sent frémir le roc qui supporte la tour. Autour se creusent des dénivellations effrayantes, comme si le lit du fleuve cédait. On ne s'entend plus parler. De ces gonflements d'eau sortent des tonnerres. Les lignes liquides fument et sifflent comme des flèches. L'écume saute jusqu'au sommet du monument. L'eau pulvérisée se déroule dans l'air en formant un splendide arc-en-ciel.

Par un simple effet d'optique, la tour semble se déplacer avec une vitesse effrayante, — mais à reculons de la chute, fort heureusement, — car, avec l'illusion contraire, le vertige serait insoutenable, et nul ne pourrait considérer ce gouffre.

Haletants, brisés, nous étions rentrés un instant sur le palier supérieur de la tour. C'est alors que le docteur crut devoir me dire :

« Cette Terrapin-tower, mon cher monsieur, tombera quelque jour dans l'abîme, et peut-être plus tôt qu'on ne suppose.

— Ah ! vraiment !

— Ce n'est pas douteux. La grande chute canadienne recule insensiblement, mais elle recule. La tour, quand elle fut construite, en 1833, était beaucoup plus éloignée de la cataracte. Les géologues prétendent que la chute, il y a trente-cinq mille ans, se trouvait située à Queenstown, à sept milles en aval de la position qu'elle occupe maintenant. D'après M. Bakewell, elle reculerait d'un mètre par année, et suivant sir Charles Lyell, d'un pied seulement. Il arrivera donc un moment où le roc qui supporte la tour, rongé par les eaux, glissera sur les pentes de la cataracte. Eh bien, cher monsieur, rappelez-vous ceci : le jour où tombera la Terrapin-tower, il y aura dedans quelques excentriques qui descendront le Niagara avec elle. »

Je regardai le docteur comme pour lui demander s'il serait au nombre de ces originaux. Mais il me fit signe de le suivre, et nous vînmes de nouveau contempler le « horse-shoe-fall, » et le paysage environnant. On distinguait alors, un peu en raccourci, la chute américaine, séparée par la pointe de l'île, où s'est formée aussi une petite cataracte centrale, large de cent pieds. Cette chute américaine, également admirable, est droite, non sinueuse, et sa hauteur a cent soixante-quatre pieds d'aplomb. Mais pour la contempler dans tout son développement, il faut se placer en face sur la rive canadienne.

Pendant toute la journée, nous errâmes sur les rives du Niagara, irrésistiblement ramenés à cette tour où les mugissements des eaux, l'embrun des vapeurs, le jeu des rayons solaires, l'enivrement et les senteurs de la cataracte, vous maintiennent dans une perpétuelle extase. Puis, nous revenions à Goat-Island pour saisir la grande chute sous tous les points de vue, sans nous jamais fatiguer de la voir. Le docteur aurait voulu me conduire à la « Grotte des Vents » creusée derrière la chute centrale, à laquelle on arrive par un escalier établi à la pointe de l'île; mais l'accès en était alors interdit à cause des fréquents éboulements qui se produisaient depuis quelque temps dans ces roches friables.

A cinq heures, nous étions rentrés à Cataract-House, et après un dîner rapide, servi à l'américaine, nous revînmes à Goat-Island. Le docteur voulut en faire le tour et revoir les « Trois-Sœurs, » charmants îlots épars à la tête de l'île. Puis, le soir venu, il me ramena au roc branlant de Terrapin-tower.

Le soleil s'était couché derrière les collines assombries. Les dernières lueurs du jour avaient disparu. La lune, demi-pleine, brillait d'un pur éclat. L'ombre de la tour s'allongeait sur l'abîme. En amont, les eaux tranquilles glissaient sous la brume légère. La rive canadienne, déjà plongée dans les ténèbres, contrastait avec les masses plus éclairées de Goat-Island et du village de Niagara-Falls. Sous nos yeux, le gouffre, agrandi par la pénombre, semblait un abîme infini dans lequel mugissait la formidable cataracte. Quelle impression! Quel artiste, par la plume ou le pinceau, pourra jamais la rendre! Pendant quelques instants, une lumière mouvante parut à l'horizon. C'était le fanal d'un train qui passait sur ce pont du Niagara, suspendu à deux milles de nous. Jusqu'à minuit, nous restâmes ainsi, muets, immobiles, au sommet de cette tour, irrésistiblement penchés sur ce torrent qui nous fascinait. Enfin, à un moment où les rayons de la lune frappèrent sous un certain angle la poussière liquide, j'entrevis une bande laiteuse, un ruban diaphane qui tremblotait dans l'ombre. C'était un arc-en-ciel lunaire, une pâle irradiation de l'astre des nuits, dont la douce lueur se décomposait en traversant les embruns de la cataracte.

XXXVIII

Le lendemain, 13 avril, le programme du docteur indiquait une visite à la rive canadienne. Une simple promenade. Il suffisait de suivre les hauteurs qui forment la droite du Niagara pendant l'espace de deux milles pour atteindre le pont suspendu. Nous étions partis à sept heures du matin. Du sentier sinueux longeant la rive droite, on apercevait les eaux tranquilles de la rivière qui ne se ressentait déjà plus des troubles de sa chûte.

A sept heures et demie, nous arrivions à Suspension-Bridge. C'est l'unique pont auquel aboutissent le Great-Western et le New-York central rail-road, le seul qui donne entrée au Canada sur les confins de l'Etat de New-York. Ce pont suspendu est formé de deux tabliers ; sur le tablier supérieur passent les trains ; sur le tablier inférieur, situé à vingt-trois pieds au-dessous, passent les voitures et les piétons. L'imagination se refuse à suivre dans son travail l'audacieux ingénieur, John A. Rœbling, de Trendon (New-Jersey), qui a osé construire ce viaduc dans de telles conditions : un pont « suspendu » qui livre passage à des trains, à deux cent-cinquante pieds au-dessus du Niagara, transformé de nouveau en rapide! Suspension-Bridge est long de huit cents pieds, large de vingt-quatre. Des étais de fer, frappés sur les rives, le maintiennent contre le balancement. Les câbles qui le supportent, formés de quatre mille fils, ont dix pouces de diamètre et peuvent résister à un poids de douze mille quatre cents tonnes. Or, le pont ne pèse que huit cents tonnes. Inauguré en 1855, il a coûté cinq cent mille dollars. Au moment où nous atteignions le milieu de Suspension-Bridge, un train passa au-dessus de notre tête, et nous sentîmes le tablier fléchir d'un mètre sous nos pieds !

C'est un peu au-dessous de ce pont que Blondin a franchi le Niagara sur une corde tendue d'une rive à l'autre, et non au-dessus des chutes. L'entreprise n'en était pas moins périlleuse. Mais si Blondin nous étonne par son audace, que penser de l'ami qui, monté sur son dos, l'accompagnait pendant cette promenade aérienne ?

« C'était peut-être un gourmand, dit le docteur, Blondin faisait les omelettes à merveille sur sa corde roide. »

Nous étions sur la terre canadienne, et nous remontions la rive gauche du Niagara, afin de voir les chutes sous un nouvel aspect. Une demi-heure après, nous entrions dans un hôtel anglais, où le docteur fit servir un déjeuner convenable. Pendant ce temps, je parconrus le livre des voyageurs où figurent quelques milliers de noms. Parmi les plus célèbres, je remarquai les suivants : Robert Peel, lady Franklin, comte de Paris, duc de Chartres, prince de Joinville, Louis-Napoléon (1846), prince et princesse Napoléon, Barnum (avec son adresse), Maurice Sand (1865), Agassis (1854), Almonte, prince Hohenlohe, Rothschild, Bertin (Paris), lady Elgin, Burkardt (1832), etc.

« Et maintenant, sous les chutes » me dit le docteur, lorsque le déjeuner fut terminé.

Je suivis Dean Pitferge. Un nègre nous conduisit à un vestiaire, où l'on nous donna un pantalon imperméable, un water-proof et un chapeau ciré. Ainsi vêtus, notre guide nous conduisit par un sentier glissant, sillonné d'écoulements ferrugineux, encombré de pierres noires aux vives arêtes, jusqu'au niveau inférieur du Niagara. Puis, au milieu des vapeurs d'eau pulvérisées, nous passâmes derrière la grande chute. La cataracte tombait devant nous comme le rideau d'un théâtre devant les acteurs. Mais quel théâtre, et comme les couches d'air violemment déplacées s'y projetaient en courants impétueux ! Trempés, aveuglés, assourdis, nous ne pouvions ni nous voir ni nous entendre dans cette caverne aussi hermétiquement close par les nappes liquides de la cataracte, que si la nature l'eût fermée d'un mur de granit !

A neuf heures, nous étions rentrés à l'hôtel où l'on

nous dépouilla de nos habits ruisselants. Revenu sur la rive, je poussai un cri de surprise et de joie :

« Le capitaine Corsican ! »

Le capitaine m'avait entendu. Il vint à moi.

« Vous ici ! s'écria-t-il. Quelle joie de vous revoir !

— Et Fabian ? et Ellen ? demandai-je, en serrant les mains de Corsican.

— Ils sont là. Ils vont aussi bien que possible. Fabian plein d'espoir, presque souriant. Notre pauvre Ellen reprenant peu à peu sa raison.

— Mais pourquoi vous rencontrai-je ici, au Niagara ?

— Le Niagara, me répondit Corsican, mais c'est le rendez-vous d'été des Anglais et des Américains. On vient respirer ici, on vient se guérir devant ce sublime spectacle des chutes. Notre Ellen a paru frappée à la vue de ce beau site, et nous sommes restés sur les bords du Niagara. Voyez cette villa, Clifton-House, au milieu des arbres, à mi-colline. C'est là que nous demeurons en famille avec Mrs. R... la sœur de Fabian, qui s'est dévouée à notre pauvre amie.

— Ellen, demandai-je, Ellen a-t-elle reconnu Fabian ?

— Non, pas encore, me répondit le capitaine. Vous savez, cependant, qu'au moment où Harry Drake tombait frappé de mort, Ellen eut comme un instant de lucidité. Sa raison s'était fait jour à travers les ténèbres qui l'enveloppent. Mais cette lucidité a bientôt disparu.

Toutefois, depuis que nous l'avons transportée au milieu de cet air pur, dans ce milieu paisible, le docteur a constaté une amélioration sensible dans l'état d'Ellen. Elle est calme, son sommeil est tranquille, et on voit dans ses yeux comme un effort pour ressaisir quelque chose, soit du passé, soit du présent.

— Ah ! cher ami ! m'écriai-je, vous la guérirez. Mais où est Fabian, où est sa fiancée ?

— Regardez, » me dit Corsican, et il étendit le bras vers la rive du Niagara.

Dans la direction indiquée par le capitaine, je vis Fabian qui ne nous avait pas encore aperçus. Il était debout sur un roc, et devant lui, à quelques pas, se trouvait Ellen, assise, immobile. Fabian ne la perdait pas des yeux. Cet endroit de la rive gauche est connu sous le nom de « Table-Rock. » C'est une sorte de promontoire rocheux, jeté sur la rivière qui mugit à deux cents pieds au-dessous. Autrefois il présentait un surplomb plus considérable ; mais les chutes successives d'énormes morceaux de rocs l'ont réduit maintenant à une surface de quelques mètres.

Ellen regardait et semblait plongée dans une muette extase. De cet endroit, l'aspect des chutes est « most sublime » disent les guides, et ils ont raison. C'est une vue d'ensemble des deux cataractes : à droite, la chute canadienne, dont la crête couronnée de vapeurs, ferme l'horizon de ce côté, comme un horizon de mer ; en face, la chute américaine, et au-dessus, l'élégant massif de Niagara-Falls à demi perdu dans les arbres; à gauche, toute la perspective de la rivière qui fuit entre ses hautes rives; au-dessous, le torrent luttant contre les glaçons culbutés.

Je ne voulais pas distraire Fabian. Corsican, le docteur et moi, nous nous étions approchés de Table-Rock. Ellen conservait l'immobilité d'une statue. Quelle impression cette scène laissait-elle à son esprit? Sa raison renaissait-elle peu à peu sous l'influence de ce spectacle grandiose? Soudain, je vis Fabian faire un pas vers elle. Ellen s'était levée brusquement; elle s'avançait près de l'abîme; ses bras se tendaient vers le gouffre; mais s'arrêtant tout à coup, elle passa rapidement la main sur son front, comme si elle eût voulu en chasser une image. Fabian, pâle comme un mort, mais ferme, s'était d'un bond placé entre Ellen et le vide. Ellen avait secoué sa blonde chevelure. Son corps charmant tressaillit. Voyait-elle Fabian? Non. On eût dit une morte revenant à la vie, et cherchant à ressaisir l'existence autour d'elle!

Le capitaine Corsican et moi, nous n'osions faire un pas, et pourtant si près de ce gouffre, nous redoutions quelque malheur. Mais le docteur Pitferge nous retint :

« Laissez, dit-il, laissez faire Fabian. »

J'entendais les sanglots qui gonflaient la poitrine de la jeune femme. Des paroles inarticulées sortaient de ses lèvres. Elle semblait vouloir parler et ne pas le pouvoir. Enfin, ces mots s'échappèrent :

« Dieu ! mon Dieu ! Dieu tout-puissant ! Où suis-je ? où suis-je ? »

Elle eut alors conscience que quelqu'un était près d'elle, et, se retournant à demi, elle nous apparut transfigurée. Un regard nouveau vivait dans ses yeux. Fabian, tremblant, était debout devant elle, muet, les bras ouverts.

« Fabian ! Fabian ! » s'écria-t-elle enfin.

Fabian la reçut dans ses bras où elle tomba inanimée. Il poussa un cri déchirant. Il croyait Ellen morte. Mais le docteur intervint :

« Rassurez-vous, dit-il à Fabian, cette crise, au contraire, la sauvera ! »

Ellen fut transportée à Clifton-House, et placée sur son lit, où, son évanouissement dissipé, elle s'endormit d'un paisible sommeil.

Fabian, encouragé par le docteur et plein d'espoir, — Ellen l'avait reconnu ! — revint vers nous :

« Nous la sauverons, me dit-il, nous la sauverons ! Chaque jour j'assiste à la résurrection de cette âme. Aujourd'hui, demain peut-être, mon Ellen me sera rendue ! Ah, ciel clément, sois béni ! Nous resterons en ce lieu, tant qu'il le faudra pour elle ! N'est-ce pas, Archibald ? »

Le capitaine serra avec effusion Fabian sur sa poitrine. Fabian s'était retourné vers moi, vers le docteur.

Il nous prodiguait ses tendresses. Il nous enveloppait de son espoir. Et jamais espoir ne fut plus fondé. La guérison d'Ellen était prochaine....

Mais il nous fallait partir. Une heure à peine nous restait pour regagner Niagara-Falls. Au moment où nous allions nous séparer de ces chers amis, Ellen dormait encore. Fabian nous embrassa, le capitaine Corsican très-ému, après avoir promis qu'un télégramme me donnerait des nouvelles d'Ellen, nous fit ses derniers adieux, et à midi, nous avions quitté Clifton-House.

XXXIX

Quelques instants après, nous descendions une rampe très-allongée de la côte canadienne. Cette rampe nous conduisit au bord de la rivière, presque entièrement obstruée de glaces. Là un canot nous attendait pour nous passer « en Amérique. » Un voyageur y avait déjà pris place. C'était un ingénieur du Kentucky, qui déclina ses noms et qualités au docteur. Nous embarquâmes sans perdre de temps, et soit en repoussant les glaçons, soit en les divisant, le canot gagna le milieu de la rivière où le courant tenait la passe plus libre. De là, un dernier regard fut donné à cette admirable cataracte du Niagara. Notre compagnon l'observait d'un œil attentif.

« Est-ce beau ! monsieur, lui dis-je, est-ce admirable !

— Oui, me répondit-il, mais quelle force mécanique inutilisée, et quel moulin on ferait tourner avec une pareille chute ! »

Jamais je n'éprouvai envie plus féroce de jeter un ingénieur à l'eau !

Sur l'autre rive, un petit chemin de fer presque vertical, mu par un filet détourné de la chute américaine, nous hissa en quelques secondes sur la hauteur. A une heure et demie, nous prenions l'express qui nous déposait à Buffalo à deux heures un quart. Après avoir visité cette jeune grande ville, après avoir goûté l'eau du lac Érié, nous reprenions le New-York central railway, à six heures du soir. Le lendemain, en quittant les confortables couchettes d'un « sleeping-car, » nous arrivions à Albany, et le rail-road de l'Hudson, qui court à fleur d'eau le long de la rive gauche du fleuve, nous jetait à New-York, quelques heures plus tard.

Le lendemain, 15 avril, en compagnie de mon infatigable docteur, je parcourus la ville, la rivière de l'Est, Brooklyn. Le soir venu, je fis mes adieux à ce brave Dean Pitferge, et, en le quittant, je sentis que je laissais un ami.

Le mardi, 16 avril, c'était le jour fixé pour le départ du *Great-Eastern*, je me rendis à onze heures au trente-septième « pier, » où le tender devait attendre les voyageurs. Il était déjà encombré de passagers et de colis. J'embarquai. Au moment où le tender allait se détacher du quai, je fus saisi par le bras. Je me retournai. C'était encore le docteur Pitferge.

« Vous ! m'écriai-je. Vous revenez en Europe ?

— Oui, mon cher monsieur.

— Par le *Great-Eastern* ?

— Sans doute, me répondit en souriant l'aimable original ; j'ai réfléchi et je pars. Songez donc, ce sera peut-être le dernier voyage du *Great-Eastern, celui dont il ne reviendra pas !* »

La cloche allait sonner pour le départ, quand un des stewards de *Fifth-Avenue-Hotel*, accourant en toute hâte, me remit un télégramme daté de Niagara-Falls « Ellen est réveillée ; sa raison tout entière lui est revenue, » me disait le capitaine Corsican, et le docteur répond d'elle ! »

Je communiquai cette bonne nouvelle à Dean Pitferge.

« Répond d'elle ! répond d'elle ! répliqua en grommelant mon compagnon de voyage, moi aussi j'en réponds ! Mais qu'est-ce que cela prouve ? Qui répondrait de moi, de vous, de nous tous, mon cher ami, aurait peut-être bien tort !... »

Douze jours après, nous arrivions à Brest, et le lendemain à Paris. La traversée du retour s'était faite sans accident, au grand déplaisir de Dean Pitferge, qui attendait toujours « son naufrage! »

Et quand je fus assis devant ma table, si je n'avais pas eu ces notes de chaque jour, oui, ce *Great-Eastern*, cette ville flottante que j'avais habitée pendant un mois, cette rencontre d'Ellen et de Fabian, cet incomparable Niagara, j'aurais cru que j'avais tout rêvé! Ah! que c'est beau, les voyages, « même quand on en revient, » quoi qu'en dise le docteur!

Pendant huit mois, je n'entendis plus parler de mon original. Mais, un jour, la poste me remit une lettre couverte de timbres multicolores et qui commençait par ces mots :

« A bord du *Coringuy*, récifs d'Aukland. Enfin, nous avons fait naufrage.... »

Et qui finissait par ceux-ci :

« Jamais je ne me suis mieux porté!

Très-cordialement votre

DEAN PITFERGE. »

FIN DE LA VILLE FLOTTANTE.

LES
FORCEURS DE BLOCUS

I

LE DELPHIN.

Le premier fleuve dont les eaux écumèrent sous les roues d'un bateau à vapeur, fut la Clyde. C'était en 1812. Ce bateau se nommait *la Comète* et il faisait un service régulier entre Glasgow et Greenock, avec une vitesse de six milles à l'heure. Depuis cette époque, plus d'un million de steamers ou de packet-boats a remonté ou descendu le courant de la rivière écossaise, et les habitants de la grande cité commerçante doivent être singulièrement familiarisés avec les prodiges de la navigation à vapeur.

Cependant, le 3 décembre 1862, une foule énorme, composée d'armateurs, de négociants, de manufacturiers, d'ouvriers, de marins, de femmes, d'enfants, encombrait les rues boueuses de Glasgow et se dirigeait vers Kelvin-dock, vaste établissement de constructions navales, appartenant à MM. Tod et Mac-Grégor. Ce dernier nom prouve surabondamment que les fameux descendants des Highlanders sont devenus industriels, et que de tous ces vassaux des vieux clans ils ont fait des ouvriers d'usine.

Kelvin-dock est situé à quelques minutes de la ville, sur la rive droite de la Clyde; bientôt ses immenses chantiers furent envahis par les curieux; pas un bout de quai, pas un mur de wharf, pas un toit de magasin qui offrît une place inoccupée; la rivière elle-même était sillonnée d'embarcations, et sur la rive gauche, les hauteurs de Govan fourmillaient de spectateurs.

Il ne s'agissait pas, cependant, d'une cérémonie extraordinaire, mais tout simplement de la mise à flot d'un navire. Le public de Glasgow ne pouvait manquer d'être fort blasé sur les incidents d'une pareille opération. *Le Delphin* — c'était le nom du bâtiment construit par MM. Tod et Mac-Grégor — offrait-il donc quelque particularité? Non, à vrai dire. C'était un grand navire de quinze cents tonneaux, en tôle d'acier, et dans lequel tout avait été combiné pour obtenir une marche supérieure. Sa machine, sortie des ateliers de Lancefield-forge, était à haute pression, et possédait une force effective de cinq cents chevaux. Elle mettait en mouvement deux hélices jumelles, situées de chaque côté de l'étambot, dans les parties fines de l'arrière, et complétement indépendantes l'une de l'autre, — application toute nouvelle du système de MM. Dudgeon de Millwal, qui donne une grande vitesse aux navires et leur permet d'évoluer dans un cercle excessivement restreint. Quant au tirant d'eau du *Delphin*, il devait être peu considérable. Les connaisseurs ne s'y trompaient pas, et ils en concluaient avec raison que ce navire était destiné à fréquenter les passes d'une moyenne profondeur. Mais enfin toutes ces particularités ne pouvaient justifier en aucune façon l'empressement public. En somme, *le Delphin* n'avait rien de plus, rien de moins qu'un autre navire. Son lancement présentait-il donc quelque difficulté mécanique à surmonter? Pas davantage. La Clyde avait déjà reçu dans ses eaux maint bâtiment d'un tonnage plus considérable, et la mise à flot du *Delphin* devait s'opérer de la façon la plus ordinaire.

En effet, quand la mer fut étale, au moment où le jusant se faisait sentir, les manœuvres commencèrent; les coups de maillet retentirent avec un ensemble parfait sur les coins destinés à soulever la quille du navire. Bientôt un tressaillement courut dans toute la massive construction; si peu qu'elle eût été soulevée, on sentit qu'elle s'ébranlait; le glissement se détermina, s'accéléra, et, en quelques instants, *le Delphin*, abandonnant la cale soigneusement suifée, se plongea dans la Clyde au milieu d'épaisses volutes de vapeurs blanches. Son arrière buta contre le fond de vase de la rivière, puis il se releva sur le dos d'une vague géante, et le magnifique steamer, emporté par son élan, aurait été se briser sur les quais des chantiers de Govan, si toutes ses ancres, mouillant à la fois avec un bruit formidable, n'eussent enrayé sa course.

Le lancement avait parfaitement réussi. *Le Delphin* se balançait tranquillement sur les eaux de la Clyde. Tous les spectateurs battirent des mains, quand il prit possession de son élément naturel, et des hurrahs immenses s'élevèrent sur les deux rives.

Mais pourquoi ces cris et ces applaudissements? Sans doute les plus passionnés des spectateurs auraient été fort empêchés d'expliquer leur enthousiasme. D'où venait donc l'intérêt tout particulier excité par ce navire? Du mystère qui couvrait sa destination, tout simplement. On ne savait à quel genre de commerce il allait se livrer, et, en interrogeant les divers groupes de curieux, on se fût étonné à bon droit de la diversité des opinions émises sur ce grave sujet.

Cependant les mieux informés, ou ceux qui se prétendaient tels, s'accordaient à reconnaître que ce steamer allait jouer un rôle dans cette guerre terrible qui décimait alors les États-Unis d'Amérique. Mais ils n'en savaient pas davantage, et si *le Delphin* était un corsaire, un transport, un navire confédéré ou un bâtiment de la marine fédérale, c'est ce que personne n'aurait pu dire.

« Hurrah ! s'écriait l'un, affirmant que le Delphin était construit pour le compte des États du Sud.

— Hip ! hip ! hip ! » criait l'autre, jurant que jamais plus un tel bâtiment n'aurait croisé sur les côtes américaines.

Donc, c'était l'inconnu, et pour savoir exactement à quoi s'en tenir, il aurait fallu être l'associé ou tout au moins l'intime ami de Vincent Playfair et Co. de Glasgow.

Riche, puissante et intelligente maison de commerce que celle dont la raison sociale était Vincent Playfair et Co. Vieille et honorée famille descendant de ces lords Tobacco qui bâtirent les plus beaux quartiers de la ville. Ces habiles négociants, à la suite de l'acte de l'Union, avaient fondé les premiers comptoirs de Glasgow en trafiquant des tabacs de la Virginie et du Maryland. D'immenses fortunes se firent ; un nouveau centre de commerce était créé. Bientôt Glasgow se fit industrielle et manufacturière ; les filatures et les fonderies s'élevèrent de toutes parts, et, en quelques années, la prospérité de la ville fut portée au plus haut point.

La maison Playfair demeura fidèle à l'esprit entreprenant de ses ancêtres. Elle se lança dans les opérations les plus hardies et soutint l'honneur du commerce anglais. Son chef actuel, Vincent Playfair, homme de cinquante ans, d'un tempérament essentiellement pratique et positif, bien qu'audacieux, était un armateur pur sang. Rien ne le touchait en dehors des questions commerciales, pas même le côté politique des transactions. D'ailleurs, parfaitement honnête et loyal.

Cependant, cette idée d'avoir construit et armé le *Delphin*, il ne pouvait la revendiquer. Elle appartenait en propre à James Playfair, son neveu, un beau garçon de trente ans, et le plus hardi *skipper*[1] de la marine marchande du Royaume-Uni.

C'était un jour, à Tontine-coffee-room, sous les arcades de la salle de ville, que James Playfair, après avoir lu avec rage les journaux américains, fit part à son oncle d'un projet très-aventureux.

« Oncle Vincent, lui dit-il à brûle-pourpoint, il y a deux millions à gagner en moins d'un mois !

— Et que risque-t-on ? demanda l'oncle Vincent.

— Un navire et une cargaison.

— Pas autre chose ?

— Si, la peau de l'équipage et du capitaine; mais cela ne compte pas.

— Voyons voir, répondit l'oncle Vincent, qui affectionnait ce pléonasme.

— C'est tout vu, reprit James Playfair. Vous avez lu *la Tribune*, *le New-York Herald*, *le Times*, *l'Enquirer de Richmond*, *l'American-Review* ?

— Vingt fois, neveu James.

— Vous croyez, comme moi, que la guerre des États-Unis durera longtemps encore ?

---

1. Dénomination donnée à un capitaine de la marine marchande en Angleterre.

— Très-longtemps.

— Vous savez combien cette lutte met en souffrance les intérêts de l'Angleterre et particulièrement ceux de Glascow ?

— Et plus spécialement encore ceux de la maison Playfair et Co, répondit l'oncle Vincent.

— Surtout ceux-là, répliqua le jeune capitaine.

— Je m'en afflige tous les jours, James, et je n'envisage pas sans terreur les désastres commerciaux que cette guerre peut entraîner. Non que la maison Playfair ne soit solide, neveu, mais elle a des correspondants qui peuvent manquer. Ah ! ces Américains, qu'ils soient esclavagistes ou abolitionnistes, je les donne tous au diable ! »

Si au point de vue des grands principes d'humanité, toujours et partout supérieurs aux intérêts personnels, Vincent Playfair avait tort de parler ainsi, il avait raison à ne considérer que le point de vue purement commercial. La plus importante matière de l'exportation américaine manquait sur la place de Glascow. *La famine du coton*[1], pour employer l'énergique expression anglaise, devenait de jour en jour plus menaçante. Des milliers d'ouvriers se voyaient réduits à vivre de la charité publique. Glascow possède vingt-cinq mille métiers mécaniques, qui, avant la guerre des États-Unis, produisaient six cent vingt-cinq mille mètres de

---

1. Littéralement : *the cotton famine.*

coton filé par jour, c'est-à-dire cinquante millions de livres par an. Par ces chiffres, que l'on juge des perturbations apportées dans le mouvement industriel de la ville, quand la matière textile vint à manquer presque absolument. Les faillites éclataient à chaque heure. Les suspensions de travaux se produisaient dans toutes les usines. Les ouvriers mouraient de faim.

C'était le spectacle de cette immense misère qui avait donné à James Playfair l'idée de son hardi projet.

« J'irai chercher du coton, dit-il, et j'en rapporterai coûte que coûte. »

Mais comme il était aussi « négociant » que l'oncle Vincent, il résolut de procéder par voie d'échange, et de proposer l'opération sous la forme d'une affaire commerciale.

« Oncle Vincent, dit-il, voilà mon idée.

— Voyons voir, James.

— C'est bien simple. Nous allons faire construire un navire d'une marche supérieure et d'une grande capacité.

— C'est possible, cela.

— Nous le chargerons de munitions de guerre, de vivres et d'habillements.

— Cela se trouve.

— Je prendrai le commandement de ce steamer. Je défierai à la course tous les navires de la marine fédérale. Je forcerai le blocus de l'un des ports du Sud....

— Tu vendras cher ta cargaison aux confédérés, qui en ont besoin, dit l'oncle.

— Et je reviendrai chargé de coton....

— Qu'ils te donneront pour rien.

— Comme vous dites, oncle Vincent. Cela va-t-il ?

— Cela va. Mais passeras-tu ?

— Je passerai, si j'ai un bon navire.

— On t'en fera un tout exprès. Mais l'équipage ?

— Oh! je le trouverai. Je n'ai pas besoin de beaucoup d'hommes. De quoi manœuvrer, et voilà tout. Il ne s'agit pas de se battre avec les fédéraux, mais de les distancer.

— On les distancera, répondit l'oncle Vincent d'une façon péremptoire. Maintenant, dis-moi, James, sur quel point de la côte américaine comptes-tu te diriger?

— Jusqu'ici, l'oncle, quelques navires ont déjà forcé les blocus de la Nouvelle-Orléans, de Willmington et de Savannah. Moi, je songe à entrer tout droit à Charleston. Aucun bâtiment anglais n'a encore pu pénétrer dans ses passes, si ce n'est *la Bermuda*. Je ferai comme elle, et si mon navire tire peu d'eau, j'irai là où les bâtiments fédéraux ne pourront pas me suivre.

— Le fait est, dit l'oncle Vincent, que Charleston regorge de coton. On le brûle pour s'en débarrasser.

— Oui, répondit James. De plus, la ville est presque investie. Beauregard est à court de munitions; il me payera ma cargaison à prix d'or.

— Bien, neveu! Et quand veux-tu partir?

— Dans six mois. Il me faut des nuits longues, des nuits d'hiver, pour passer plus facilement.

— On t'en fera, neveu.

— C'est dit, l'oncle.

— C'est dit.

— Motus?

— Motus! »

Et voilà comment, cinq mois plus tard, le steamer *le Delphin* était lancé des chantiers de Kelvin-dock, et pourquoi personne ne connaissait sa véritable destination.

II

L'APPAREILLAGE.

L'armement du *Delphin* marcha rapidement. Son gréement était prêt; il n'y eut plus qu'à l'ajuster; *le Delphin* portait trois mâts de goëlette, luxe à peu près inutile. En effet, il ne comptait pas sur le vent pour échapper aux croiseurs fédéraux, mais bien sur la puissante machine renfermée dans ses flancs. Et il avait raison.

Vers la fin de décembre, le *Delphin* alla faire ses essais dans le golfe de la Clyde. Qui fut le plus satisfait du constructeur ou du capitaine, il est impossible de le dire. Le nouveau steamer filait merveilleusement, et le *patent-log*[1] accusa une vitesse de dix-sept milles à l'heure[2], vitesse que n'avait jamais obtenue navire anglais, français ou américain. Certes, le *Delphin*, dans une lutte avec les bâtiments les plus rapides, aurait gagné de plusieurs longueurs dans un *match* maritime.

Le 25 décembre, le chargement fut commencé. Le steamer vint se ranger au steam-boat-quay, un peu au-dessous de Glasgow-Bridge, le dernier pont qui enjambe la Clyde avant son embouchure. Là, de vastes wharfs contenaient un immense approvisionnement d'habillements, d'armes et de munitions, qui passa rapidement dans la cale du *Delphin*. La nature de cette cargaison trahissait la mystérieuse destination du navire, et la maison Playfair ne put garder plus longtemps son secret. D'ailleurs, le *Delphin* ne devait pas tarder à prendre la mer. Aucun croiseur américain n'avait été signalé dans les eaux anglaises. Et puis, quand il s'était agi de former l'équipage, comment garder un long silence? On ne pouvait embarquer des hommes sans leur apprendre leur destination. Après

---

1. C'est un instrument qui, au moyen d'aiguilles se mouvant sur des cadrans gradués, indique la vitesse du bâtiment.
2. Sept lieues et 87/100. Le mille marin vaut 1852 mètres.

tout, on allait risquer sa peau, et quand on va risquer sa peau, on aime assez à savoir comment et pourquoi.

Cependant, cette perspective n'arrêta personne. La paye était belle, et chacun avait une part dans l'opération. Aussi les marins se présentèrent-ils en grand nombre, et des meilleurs. James Playfair n'eut que l'embarras du choix. Mais il choisit bien, et au bout de vingt-quatre heures, ses rôles d'équipage portaient trente noms de matelots qui eussent fait honneur au yacht de Sa Très-Gracieuse Majesté.

Le départ fut fixé au 3 janvier. Le 31 décembre, *le Delphin* était prêt. Sa cale regorgeait de munitions et de vivres, ses soutes, de charbon. Rien ne le retenait plus.

Le 2 janvier, le skipper se trouvait à bord, promenant sur son navire le dernier coup d'œil du capitaine, quand un homme se présenta à la coupée du *Delphin* et demanda à parler à James Playfair. Un des matelots le conduisit sur la dunette.

C'était un solide gaillard à larges épaules, à figure rougeaude, et dont l'air niais cachait mal un certain fonds de finesse et de gaieté. Il ne semblait pas être au courant des usages maritimes, et regardait autour de lui, comme un homme peu habitué à fréquenter le pont d'un navire. Cependant, il se donnait des façons de loup de mer, regardant le gréement du *Delphin*, et se dandinant à la manière des matelots.

Lorsqu'il fut arrivé en présence du capitaine, il le regarda fixement et lui dit :

« Le capitaine James Playfair ?

— C'est moi, répondit le skipper. Qu'est-ce que tu me veux ?

— M'embarquer à votre bord.

— Il n'y a plus de place. L'équipage est au complet.

— Oh ! un homme de plus ne vous embarrassera pas. Au contraire.

— Tu crois ? dit James Playfair, en regardant son interlocuteur dans le blanc des yeux.

— J'en suis sûr, répondit le matelot.

— Mais qui es-tu ? demanda le capitaine.

— Un rude marin, j'en réponds, un gaillard solide et un luron déterminé. Deux bras vigoureux comme ceux que j'ai l'honneur de vous proposer ne sont point à dédaigner à bord d'un navire.

— Mais il y a d'autres bâtiments que *le Delphin* et d'autres capitaines que James Playfair. Pourquoi viens-tu ici ?

— Parce que c'est à bord du *Delphin* que je veux servir, et sous les ordres du capitaine James Playfair.

— Je n'ai pas besoin de toi.

— On a toujours besoin d'un homme vigoureux, et si, pour vous prouver ma force, vous voulez m'essayer avec trois ou quatre des plus solides gaillards de votre équipage, je suis prêt !

— Comme tu y vas! répondit James Playfair. Et comment te nommes-tu?

— Crokston, pour vous servir. »

Le capitaine fit quelques pas en arrière afin de mieux examiner cet hercule qui se présentait à lui d'une façon aussi « carrée. » La tournure, la taille, l'aspect du matelot ne démentaient point ses prétentions à la vigueur. On sentait qu'il devait être d'une force peu commune, et qu'il n'avait pas froid aux yeux.

« Où as-tu navigué? lui demanda Playfair.

— Un peu partout.

— Et tu sais ce que *le Delphin* va faire là-bas?

— Oui, et c'est ce qui me tente.

— Eh bien, Dieu me damne, si je laisse échapper un gaillard de ta trempe! Va trouver le second, Mr. Mathew, et fais-toi inscrire. »

Après avoir prononcé ces paroles, James Playfair s'attendait à voir son homme tourner les talons et courir à l'avant du navire; mais il se trompait. Crokston ne bougea pas.

« Eh bien, m'as-tu entendu? demanda le capitaine.

— Oui, répondit le matelot. Mais ce n'est pas tout, j'ai encore quelque chose à vous proposer.

— Ah! tu m'ennuies, répondit brusquement James, je n'ai pas de temps à perdre en conversations.

— Je ne vous ennuierai pas longtemps, reprit Crokston. Deux mots encore, et c'est tout. Je vais vous dire. J'ai un neveu.

— Il a un joli oncle, ce neveu-là, répondit James Playfair.

— Eh! eh! fit Crockston.

— En finiras-tu? demanda le capitaine avec une forte impatience.

— Eh bien, voilà la chose. Quand on prend l'oncle, on s'arrange du neveu par-dessus le marché.

— Ah! vraiment!

— Oui! c'est l'habitude. L'un ne va pas sans l'autre.

— Et qu'est-ce que c'est que ton neveu?

— Un garçon de quinze ans, un novice auquel j'apprends le métier. C'est plein de bonne volonté, et ça fera un solide marin un jour.

— Ah çà, maître Crockston, s'écria James Playfair, est-ce que tu prends *le Delphin* pour une école de mousses?

— Ne disons pas de mal des mousses, repartit le marin. Il y en a un qui est devenu l'amiral Nelson, et un autre, l'amiral Franklin.

— Eh parbleu! l'ami, répondit James Playfair, tu as une manière de parler qui me va. Amène ton neveu; mais, si je ne trouve pas dans son oncle le gaillard solide que tu prétends être, l'oncle aura affaire à moi. Va, et sois revenu dans une heure. »

Crockston ne se le fit pas dire deux fois. Il salua assez gauchement le capitaine du *Delphin*, et regagna le quai. Une heure après, il était de retour à bord avec son neveu, un garçon de quatorze à quinze ans, un peu frêle, un peu malingre, avec un air timide et étonné, et qui n'annonçait pas devoir tenir de son oncle pour l'aplomb moral et les qualités vigoureuses du corps. Crockston même était obligé de l'exciter par quelques bonnes paroles d'encouragement.

« Allons, disait-il, hardi là ! On ne nous mangera pas, que diable ! D'ailleurs, il est encore temps de s'en aller.

— Non, non ! répondit le jeune homme, et que Dieu nous protége ! »

Le jour même, le matelot Crockston et le novice John Stiggs étaient inscrits sur le rôle d'équipage du *Delphin*.

Le lendemain matin, à cinq heures, les feux du steamer furent activement poussés ; le pont tremblotait sous les vibrations de la chaudière, et la vapeur s'échappait en sifflant par les soupapes. L'heure du départ était arrivée.

Une foule assez considérable se pressait, malgré l'heure matinale, sur les quais et sur Glasgow-Bridge. On venait saluer une dernière fois le hardi steamer. Vincent Playfair était là pour embrasser le capitaine James, mais il se conduisit en cette circonstance comme un vieux Romain du bon temps. Il eut une contenance héroïque, et les deux gros baisers dont il gratifia son neveu étaient l'indice d'une âme vigoureuse.

« Va, James, dit-il au jeune capitaine, va vite, et reviens plus vite encore. Surtout n'oublie pas d'abuser de ta position. Vends cher, achète bon marché, et tu auras l'estime de ton oncle. »

Sur cette recommandation, empruntée au *Manuel du Parfait Négociant*, l'oncle et le neveu se séparèrent, et tous les visiteurs quittèrent le bord.

En ce moment, Crockston et John Stiggs se tenaient l'un près de l'autre sur le gaillard d'avant, et le premier disait au second :

« Ça va bien, ça va bien ! Avant deux heures nous serons en mer, et j'ai bonne idée d'un voyage qui commence de cette façon-là ! »

Pour toute réponse, le novice serra la main de Crockston.

James Playfair donnait alors ses derniers ordres pour le départ.

« Nous avons de la pression ? demanda-t-il à son second.

— Oui, capitaine, répondit Mr. Mathew.

— Eh bien, larguez les amarres. »

La manœuvre fut immédiatement exécutée. Les hélices se mirent en mouvement. *Le Delphin* s'ébranla, passa entre les navires du port, et disparut bientôt aux yeux de la foule qui le saluait de ses derniers hurrahs

La descente de la Clyde s'opéra facilement. On peut dire que cette rivière a été faite de main d'homme, et même de main de maître. Depuis soixante ans, grâce aux dragues et à un curage incessant, elle a gagné quinze pieds en profondeur, et sa largeur a été triplée entre les quais de la ville. Bientôt la forêt des mâts et des cheminées se perdit dans la fumée et le brouillard. Le bruit des marteaux des fonderies et de la hache des chantiers de construction s'éteignit dans l'éloignement. A la hauteur du village de Partick, les maisons de campagne, les villas, les habitations de plaisance succédèrent aux usines. *Le Delphin*, modérant l'énergie de sa vapeur, évoluait entre les digues qui contiennent la rivière en contre-haut des rives et souvent au milieu de passes fort étroites. Inconvénient de peu d'importance ; pour une rivière navigable, en effet, mieux vaut la profondeur que la largeur. Le steamer, guidé par un de ces excellents pilotes de la mer d'Irlande, filait sans hésitation entre les bouées flottantes, les colonnes de pierre et de *biggings*[1] surmontés de fanaux qui marquent le chenal. Il dépassa bientôt le bourg de Renfrew. La Clyde s'élargit alors au pied des collines de Kilpatrick, et devant la baie de Bowling, au fond de laquelle s'ouvre l'embouchure du canal qui réunit Edimbourg à Glasgow.

Enfin, à quatre cents pieds dans les airs, le château de Dumbarton dressa sa silhouette à peine estompée dans la brume, et bientôt, sur la rive gauche, les navires du port de Glasgow dansèrent sous l'action des

---

1. Petits monticules de pierres.

vagues du *Delphin*. Quelques milles plus loin, Greenock, la patrie de James Watt fut dépassée. *Le Delphin* se trouvait alors à l'embouchure de la Clyde et à l'entrée du golfe par lequel elle verse ses eaux dans le canal du Nord. Là, il sentit les premières ondulations de la mer, et il rangea les côtes pittoresques de l'île d'Arran.

Enfin, le promontoire de Cantyre, qui se jette au travers du canal, fut doublé; on eut connaissance de l'île Rathlin; le pilote regagna dans sa chaloupe son petit cutter qui croisait au large; *le Delphin*, rendu à l'autorité de son capitaine, prit par le nord de l'Irlande une route moins fréquentée des navires, et bientôt, ayant perdu de vue les dernières terres européennes, il se trouva seul en plein Océan.

III

EN MER.

Le Delphin avait un bon équipage; non pas des marins de combat, des matelots d'abordage, mais des hommes manœuvrant bien. Il ne lui en fallait pas plus. Ces gaillards-là étaient tous des gens déterminés, mais tous plus ou moins négociants. Ils couraient après la fortune, non après la gloire. Ils n'avaient point de pavillon à montrer, point de couleurs à appuyer d'un coup de canon, et d'ailleurs, toute l'artillerie du bord consistait en deux petits pierriers propres seulement à faire des signaux.

Le Delphin filait rapidement; il répondait aux espérances des constructeurs et du capitaine, et bientôt il eut dépassé la limite des eaux britanniques. Du reste, pas un navire en vue; la grande route de l'Océan était libre. D'ailleurs, nul bâtiment de la marine fédérale n'avait le droit de l'attaquer sous pavillon anglais. Le suivre, bien; l'empêcher de forcer la ligne des blocus, rien de mieux. Aussi James Playfair avait-il tout sacrifié à la vitesse de son navire, précisément pour n'être pas suivi.

Quoi qu'il en soit, on faisait bonne garde à bord. Malgré le froid, un homme se tenait toujours dans la mâture, prêt à signaler la moindre voile à l'horizon. Lorsque le soir arriva, le capitaine James fit les recommandations les plus précises à Mr. Mathew.

« Ne laissez pas trop longtemps vos vigies dans les barres, lui dit-il. Le froid peut les saisir, et on ne fait pas bonne garde dans ces conditions. Relevez souvent vos hommes.

— C'est entendu, capitaine, répondit Mr. Mathew.

— Je vous recommande Crockston pour ce service

Le gaillard prétend avoir une vue excellente; il faut le mettre à l'épreuve. Comprenez-le dans le quart du matin ; il surveillera les brumes matinales. S'il survient quelque chose de nouveau, que l'on me prévienne. »

James Playfair, cela dit, gagna sa cabine. Mr. Mathew fit venir Crockston et lui transmit les ordres du capitaine.

« Demain, à six heures, lui dit-il, tu te rendras à ton poste d'observation dans les barres de misaine. »

Crockston poussa en guise de réponse un grognement des plus affirmatifs. Mais Mr. Mathew n'avait pas le dos tourné, que le marin murmura bon nombre de paroles incompréhensibles, et finit par s'écrier :

« Que diable veut-il dire avec ses barres de misaine ? »

En ce moment, son neveu, John Stiggs, vint le rejoindre sur le gaillard d'avant.

« Eh bien ! mon brave Crockston ? lui dit-il.

— Eh bien ! cela va ! cela va ! répondit le marin avec un sourire forcé ! Il n'y a qu'une chose ! Ce diable de bateau secoue ses puces comme un chien qui sort de la rivière, si bien que j'ai le cœur un peu brouillé.

— Pauvre ami ! dit le novice en regardant Crockston avec un vif sentiment de reconnaissance.

— Et quand je pense, reprit le marin, qu'à mon âge je me permets d'avoir le mal de mer ! Quelle femmelette je suis! Mais ça se fera! ça se fera! Il y a bien aussi les barres de misaine qui me tracassent...

— Cher Crockson, et c'est pour moi...

— Pour vous et pour lui, répondit Crockston. Mais pas un mot là-dessus, John. Ayons confiance en Dieu; il ne vous abandonnera pas. »

Sur ces mots, John Stiggs et Crockston regagnèrent le poste des matelots, et le marin ne s'endormit pas avant d'avoir vu le jeune novice tranquillement couché dans l'étroite cabine qui lui était réservée.

Le lendemain, à six heures, Crockston se leva pour aller prendre son poste; il monta sur le pont, et le second lui donna l'ordre de grimper dans la mâture et d'y faire bonne garde.

Le marin, à ces paroles, parut un peu indécis; puis, prenant son parti, il se dirigea vers l'arrière du *Delphin*.

« Eh bien, où vas-tu donc? cria Mr. Mathew.

— Où vous m'envoyez, répondit Crockton.

— Je te dis d'aller dans les barres de misaine.

— Eh! j'y vais, répondit le matelot d'un ton imperturbable et en continuant de se diriger vers la dunette.

— Te moques-tu? reprit Mr. Mathew avec impatience. Tu vas chercher les barres de misaine sur le mât d'artimon. Tu m'as l'air d'un cockney qui s'entend peu à tresser une garcette ou à faire une épissure! A bord de quelle gabare as-tu donc navigué, l'ami? Au mât de misaine, imbécile, au mât de misaine! »

Les matelots de bordée, accourus aux paroles du second, ne purent retenir un immense éclat de rire en voyant l'air déconcerté de Crockston, qui revenait vers le gaillard d'avant.

« Comme ça, dit-il en considérant le mât, dont l'extrémité absolument invisible se perdait dans les brouillards du matin, comme ça, il faut que je grimpe là-haut?

— Oui, répondit Mr. Mathew, et dépêche-toi! Par saint Patrick, un navire fédéral aurait le temps d'engager son beaupré dans notre gréement avant que ce fainéant fût arrivé à son poste. Iras-tu à la fin? »

Crockston, sans mot dire, se hissa péniblement sur le bastingage; puis il commença à gravir les enfléchures avec une insigne maladresse, et en homme qui ne savait se servir ni de ses pieds ni de ses mains; puis, arrivé à la hune de misaine, au lieu de s'y élancer légèrement, il demeura immobile, se cramponnant aux agrès avec l'énergie d'un homme pris de vertige. Mr. Mathew, stupéfait de tant de gaucheries, et se sentant gagner par la colère, lui commanda de descendre à l'instant sur le pont.

« Ce gaillard-là, dit-il au maître d'équipage, n'a jamais été matelot de sa vie. Johnston, allez donc voir un peu ce qu'il a dans son sac. »

Le maître d'équipage gagna rapidement le poste des matelots.

Pendant ce temps, Crockston redescendait péniblement ; mais, le pied lui ayant manqué, il se raccrocha à une manœuvre courante, qui fila par le bout, et il tomba assez rudement sur le pont.

« Maladroit, double brute, marin d'eau douce ! s'écria Mr. Mathew en guise de consolation. Qu'es-tu venu faire à bord du *Delphin* ? Ah ! tu t'es donné pour un solide marin, et tu ne sais pas seulement distinguer le mât d'artimon du mât de misaine ! Eh bien, nous allons causer un peu. »

Crockston ne répondait pas. Il tendait le dos en homme résigné à tout recevoir. Précisément alors, le maître d'équipage revint de sa visite.

« Voilà, dit-il au second, tout ce que j'ai trouvé dans le sac de ce paysan-là : un portefeuille suspect avec des lettres.

— Donnez, fit Mr. Mathew. Des lettres avec le timbre des États-Unis du Nord ! « M. Halliburtt, de Boston ! » Un abolitionniste ! un fédéral !... Misérable ! tu n'es qu'un traître ! tu t'es fourvoyé à bord pour nous trahir ! Sois tranquille ! ton affaire est réglée, et tu vas tâter des griffes du chat à neuf queues[1] ! Maître d'équipage, faites prévenir le capitaine. En attendant, vous autres, veillez sur ce coquin-là. »

1. Littéralement, *cat of nine tails*, martinet composé de neuf courroies, fort en usage dans la marine anglaise.

Crockston, en recevant ces compliments, faisait une grimace de vieux diable, mais il ne desserrait pas les lèvres. On l'avait attaché au cabestan, et il ne pouvait remuer ni pieds ni mains.

Quelques minutes après, James Playfair sortit de sa cabine et se dirigea vers le gaillard d'avant. Aussitôt Mr. Mathew mit le capitaine au courant de l'affaire.

« Qu'as-tu à répondre? demanda James Playfair en contenant à peine son irritation.

— Rien, répondit Crockston.

— Et qu'es-tu venu faire à mon bord?

— Rien.

— Et qu'attends-tu de moi maintenant?

— Rien.

— Et qui es-tu? Un Américain, ainsi que ces lettres semblent le prouver? »

Crockston ne répondit pas.

« Maître d'équipage, dit James Playfair, cinquante coups de martinet à cet homme pour lui délier la langue. Sera-ce assez, Crockston?

— On verra, répondit sans sourciller l'oncle du novice John Stiggs.

— Allez, vous autres, » fit le maître d'équipage.

A cet ordre, deux vigoureux matelots vinrent dépouiller Crockston de sa vareuse de laine. Ils avaient déjà saisi le redoutable instrument, et le levaient sur les épaules du patient, quand le novice, John Stiggs, pâle et défait, se précipita sur le pont.

« Capitaine! fit-il.

— Ah! le neveu! dit James Playfair.

— Capitaine, reprit le novice en faisant un violent effort sur lui-même, ce que Crockston n'a pas voulu dire, je le dirai, moi! Je ne cacherai pas ce qu'il veut taire encore. Oui, il est Américain, et je le suis aussi; tous deux nous sommes ennemis des esclavagistes, mais non pas des traîtres venus à bord pour trahir *le Delphin* et le livrer aux navires fédéraux.

— Qu'êtes-vous venus faire alors? » demanda le capitaine d'une voix sévère, et en examinant avec attention le jeune novice.

Celui-ci hésita pendant quelques instants, avant de répondre, puis d'une voix assez ferme, il dit :

« Capitaine, je voudrais vous parler en particulier. »

Tandis que John Stiggs formulait cette demande, James Playfair ne cessait de le considérer avec soin. La figure jeune et douce du novice, sa voix singulièrement sympathique, la finesse et la blancheur de ses mains, à peine dissimulée sous une couche de bistre, ses grands yeux dont l'animation ne pouvait tempérer la douceur, tout cet ensemble fit naître une certaine idée dans l'esprit du capitaine. Quand John Stiggs eut fait sa demande, Playfair regarda fixement Crockston qui haussait les épaules; puis il fixa sur le novice un regard interrogateur que celui-ci ne put soutenir, et il lui dit ce seul mot :

« Venez. »

John Stiggs suivit le capitaine dans la dunette, et là, James Playfair, ouvrant la porte de sa cabine, dit au novice, dont les joues étaient pâles d'émotion :

« Donnez-vous la peine d'entrer, miss. »

John, ainsi interpellé, se prit à rougir, et deux larmes coulèrent involontairement de ses yeux.

« Rassurez-vous, miss, dit James Playfair d'une voix plus douce, et veuillez m'apprendre à quelle circonstance je dois l'honneur de vous avoir à mon bord. »

La jeune fille hésita un instant à répondre; puis, rassurée par le regard du capitaine, elle se décida à parler.

« Monsieur, dit-elle, je vais rejoindre mon père à Charleston. La ville est investie par terre, bloquée par mer. Je ne savais donc comment y pénétrer, lorsque j'appris que *le Delphin* se proposait d'en forcer le blocus. J'ai donc pris passage à votre bord, monsieur, et je vous prie de m'excuser si j'ai agi sans votre consentement. Vous me l'auriez refusé.

— Certes, répondit James Playfair.

— J'ai donc bien fait de ne pas vous le demander, » répondit la jeune fille d'une voix plus ferme.

Le capitaine se croisa les bras, fit un tour dans sa cabine, puis il revint.

« Quel est votre nom ? lui demanda-t-il.

— Jenny Halliburtt. »

« Votre père, si je m'en rapporte à l'adresse des

lettres saisies entre les mains de Crockston, n'est-il pas de Boston?

— Oui, monsieur.

— Et un homme du Nord se trouve ainsi dans une ville du Sud au plus fort de la guerre des États-Unis?

— Mon père est prisonnier, monsieur. Il se trouvait à Charleston quand furent tirés les premiers coups de fusil de la guerre civile, et lorsque les troupes de l'Union se virent chassées du fort Sumter par les Confédérés. Les opinions de mon père le désignaient à la haine du parti esclavagiste, et, au mépris de tous les droits, il fut emprisonné par les ordres du général Beauregard. J'étais alors en Angleterre auprès d'une parente qui vient de mourir, et seule, sans autre appui que Crockston, le plus fidèle serviteur de ma famille, j'ai voulu rejoindre mon père et partager sa prison.

— Et qu'était donc M. Halliburtt? demanda James Playfair.

— Un loyal et brave journaliste, répondit Jenny avec fierté, l'un des plus dignes rédacteurs de *la Tribune*[1], et celui qui a le plus intrépidement défendu la cause des noirs.

— Un abolitionniste! s'écria violemment le capitaine, un de ces hommes qui, sous le vain prétexte d'abolir

---

[1]. Journal entièrement dévoué à l'abolition de l'esclavage.

l'esclavage, ont couvert leur pays de sang et de ruines !

— Monsieur, répondit Jenny Halliburtt en pâlissant, vous insultez mon père ! Vous ne devriez pas oublier que je suis seule ici à le défendre ! »

Une vive rougeur monta au front du jeune capitaine ; une colère mêlée de honte s'empara de lui. Peut-être allait-il répondre sans ménagement à la jeune fille ; mais il parvint à se contenir et ouvrit la porte de sa cabine.

« Maître, » cria-t-il.

Le maître d'équipage accourut aussitôt.

« Cette cabine sera désormais celle de miss Jenny Halliburtt, dit-il. Qu'on me prépare un cadre au fond de la dunette. Il ne m'en faut pas davantage. »

Le maître d'équipage regardait d'un œil stupéfait ce jeune novice qualifié d'un nom féminin ; mais, sur un signe de James Playfair, il sortit.

« Et maintenant, miss, vous êtes chez vous, » dit le jeune capitaine du *Delphin*.

Puis il se retira.

IV

LES MALICES DE CROCKSTON.

Tout l'équipage connut bientôt l'histoire de miss Halliburtt. Crockston ne se gêna pas pour la raconter. Sur l'ordre du capitaine, il avait été détaché du cabestan, et le chat à neuf queues était rentré dans son gîte.

« Un joli animal, dit Crockston, surtout quand il fait patte de velours. »

Aussitôt libre, il descendit dans le poste des matelots, prit une petite valise et la porta à miss Jenny. La jeune fille put reprendre alors ses habits de femme; mais elle resta confinée dans sa cabine, et elle ne reparut pas sur le pont.

Quant à Crockston, il fut bien et dûment établi qu'il n'était pas plus marin qu'un horse-guard, et on dut l'exempter de tout service à bord.

Cependant, *le Delphin* filait rapidement à travers l'Atlantique, dont il tordait les flots sous sa double hélice, et toute la manœuvre consistait à veiller attentivement. Le lendemain de la scène qui trahit l'incognito de miss Jenny, James Playfair se promenait d'un pas rapide sur le pont de la dunette. Il n'avait fait aucune tentative pour revoir la jeune fille et reprendre avec elle la conversation de la veille.

Pendant sa promenade, Crockston se croisait fréquemment avec lui, et l'examinait en dessous avec une bonne grimace de satisfaction. Il était évidemment désireux de causer avec le capitaine, et il mettait à le regarder une insistance qui finit par impatienter celui-ci.

« Ah çà, qu'est-ce que tu me veux encore ? dit James Playfair en interpellant l'Américain. Tu tournes autour de moi comme un nageur autour d'une bouée. Est-ce que cela ne va pas bientôt finir ?

— Excusez-moi, capitaine, répliqua Crockston en clignant de l'œil, c'est que j'ai quelque chose à vous dire.

— Parleras-tu ?

— Oh ! c'est bien simple. Je veux tout bonnement vous dire que vous êtes un brave homme au fond.

— Pourquoi au fond ?

— Au fond et à la surface aussi.

— Je n'ai pas besoin de tes compliments.

— Ce ne sont pas des compliments. J'attendrai, pour vous en faire, que vous soyez allé jusqu'au bout.

— Jusqu'à quel bout ?

— Au bout de votre tâche.

— Ah ! j'ai une tâche à remplir ?

— Evidemment. Vous nous avez reçus à votre bord, la jeune fille et moi. Bien. Vous avez donné votre cabine à miss Halliburtt. Bon. Vous m'avez fait grâce du martinet. On ne peut mieux. Vous allez nous conduire tout droit à Charleston. C'est à ravir. Mais ce n'est pas tout.

— Comment ! ce n'est pas tout ! s'écria James Playfair, stupéfait des prétentions de Crockston.

— Non certes, répondit ce dernier en prenant un air narquois. Le père est prisonnier là-bas !

— Eh bien ?

— Eh bien, il faudra délivrer le père.

— Délivrer le père de miss Halliburtt ?

— Sans doute. Un digne homme, un courageux citoyen ! Il vaut la peine que l'on risque quelque chose pour lui.

— Maître Crockston, dit James Playfair en fronçant les sourcils, tu m'as l'air d'un plaisant de première force. Mais retiens bien ceci : je ne suis pas d'humeur à plaisanter.

— Vous vous méprenez capitaine, répliqua l'Américain. Je ne plaisante en aucune façon. Je vous parle très-sérieusement. Ce que je vous propose vous paraît absurde tout d'abord, mais quand vous aurez réfléchi, vous verrez que vous ne pourrez faire autrement.

— Comment ! il faudra que je délivre Mr. Halliburtt ?

— Sans doute. Vous demanderez sa mise en liberté au général Beauregard, qui ne vous la refusera pas.

— Et s'il me la refuse ?

— Alors, répondit Crockston sans plus s'émouvoir, nous emploierons les grands moyens, et nous enlèverons le prisonnier à la barbe des Confédérés.

— Ainsi, s'écria James Playfair que la colère commençait à gagner, ainsi, non content de passer au travers des flottes fédérales et de forcer le blocus de Charleston, il faudra que je reprenne la mer sous le canon des forts, et cela pour délivrer un monsieur que je ne connais pas, un de ces abolitionnistes que je déteste, un de ces gâcheurs de papier qui versent leur encre au lieu de verser leur sang !

— Oh! un coup de canon de plus ou de moins! ajouta Crockston.

— Maître Crockston, dit James Playfair, fais bien attention : si tu as le malheur de me reparler de cette affaire, je t'envoie à fond de cale pendant toute la traversée pour t'apprendre à veiller sur ta langue. »

Cela dit, le capitaine congédia l'Américain, qui s'en alla en murmurant :

« Eh bien, je ne suis pas mécontent de cette conversation ! L'affaire est lancée ! Cela va! cela va! »

Lorsque James Playfair avait dit « un abolitionniste que je déteste, » il était évidemment allé au delà de sa pensée. Ce n'était point un partisan de l'esclavage, mais il ne voulait pas admettre que la question de la servitude fût prédominante dans la guerre civile des États-Unis, et cela malgré les déclarations formelles du président Lincoln. Prétendait-il donc que les États du Sud — huit sur trente-six — avaient en principe le droit de se séparer, puisqu'ils s'étaient réunis volontairement? Pas même. Il détestait les hommes du Nord, et voilà tout. Il les détestait comme d'anciens frères séparés de la famille commune, de vrais Anglais qui avaient jugé bon de faire ce que lui, James Playfair, approuvait maintenant chez les États confédérés. Voilà quelles étaient les opinions politiques du capitaine du *Delphin*; mais surtout la guerre d'Amérique le gênait personnellement, et il en voulait à ceux qui faisaient cette guerre. On comprend donc comment il dut recevoir cette proposition de délivrer un esclavagiste, et de se mettre à dos les Confédérés, avec lesquels il prétendait trafiquer.

Cependant, les insinuations de Crockston ne laissaient pas de le tracasser. Il les rejetait au loin, mais elles revenaient sans cesse assiéger son esprit, et quand, le lendemain, miss Jenny monta un instant sur le pont, il n'osa pas la regarder en face.

Et c'était grand dommage, assurément, car cette jeune fille à la tête blonde, au regard intelligent et doux, méritait d'être regardée par un jeune homme de trente ans; mais James se sentait embarrassé en sa présence; il sentait que cette charmante créature possédait une âme forte et généreuse, dont l'éducation s'était faite à l'école du malheur. Il comprenait que son silence envers elle renfermait un refus d'acquiescer à ses vœux les plus chers. D'ailleurs, miss Jenny ne recherchait pas James Playfair, mais elle ne l'évitait pas non plus, et pendant les premiers jours on se parla peu ou point. Miss Halliburtt sortait à peine de sa cabine, et certainement, elle n'eût jamais adressé la parole au capitaine du *Delphin*, sans un stratagème de Crockston qui mit les deux parties aux prises.

Le digne Américain était un fidèle serviteur de la famille Halliburtt. Il avait été élevé dans la maison de son maître, et son dévouement ne connaissait pas de limites. Son bon sens égalait son courage et sa vigueur. Ainsi qu'on l'a vu, il avait une manière à lui d'envisager les choses; il se faisait une philosophie particulière sur les événements; il donnait peu de prise au découragement, et dans les plus fâcheuses conjonctures, il savait merveilleusement se tirer d'affaire.

Ce brave homme avait mis dans sa tête de délivrer Mr. Halliburtt, d'employer à le sauver le navire du capitaine et le capitaine lui-même, et de revenir en Angleterre. Tel était son projet, si la jeune fille n'avait d'autre but que de rejoindre son père et de partager sa captivité. Aussi Crockston cherchait-il à entreprendre James Playfair; il avait lâché sa bordée, comme on l'a vu, mais l'ennemi ne s'était pas rendu. Au contraire.

« Allons, se dit-il, il faut absolument que miss Jenny et le capitaine en viennent à s'entendre. S'ils boudent ainsi pendant toute la traversée, nous n'arriverons à rien. Il faut qu'ils parlent, qu'ils discutent, qu'ils se disputent même, mais qu'ils causent, et je veux être pendu si, dans la conversation, James Playfair n'en arrive pas à proposer lui-même ce qu'il refuse aujourd'hui. »

Mais quand Crockston vit que la jeune fille et le jeune homme s'évitaient, il commença à être embarrassé.

« Faut brusquer, » se dit-il.

Et, le matin du quatrième jour, il entra dans la cabine de miss Halliburtt en se frottant les mains avec un air de satisfaction parfaite.

« Bonne nouvelle, s'écria-t-il, bonne nouvelle ! Vous ne devineriez jamais ce que m'a proposé le capitaine. Un bien digne jeune homme, allez !

— Ah ! répondit Jenny, dont le cœur battit violemment, il t'a proposé ?...

— De délivrer Mr. Halliburtt, de l'enlever aux Confédérés et de le ramener en Angleterre.

— Est-il vrai ? s'écria Jenny.

— C'est comme je vous le dis, miss. Quel homme de cœur que ce James Playfair ! Voilà comme sont les Anglais : tout mauvais ou tout bons ! Ah ! il peut compter sur ma reconnaissance, celui-là, et je suis prêt à me faire hacher pour lui, si cela peut lui être agréable. »

La joie de Jenny fut profonde en entendant les paroles de Crockston. Délivrer son père ! mais elle n'eût jamais osé concevoir un tel projet ! Et le capitaine du *Dolphin* allait risquer pour elle son navire et son équipage !

« Voilà comme il est, ajouta Crockston en finissant, et cela, miss Jenny, mérite bien un remercîment de votre part.

— Mieux qu'un remercîment, s'écria la jeune fille, une éternelle amitié ! »

Et aussitôt elle quitta sa cabine pour aller exprimer à James Playfair les sentiments qui débordaient de son cœur.

« Ça marche de plus en plus, murmura l'Américain. Ça court même, ça arrivera ! »

James Playfair se promenait sur la dunette, et, comme on le pense bien, il fut fort surpris, pour ne pas dire stupéfait, de voir la jeune fille s'approcher de lui, et, les yeux humides des larmes de la reconnaissance, lui tendre la main en disant :

« Merci, monsieur, merci de votre dévouement, que je n'aurais jamais osé attendre d'un étranger !

— Miss, répondit le capitaine en homme qui ne comprenait pas et ne pouvait pas comprendre, je ne sais....

— Cependant, monsieur, reprit Jenny, vous allez braver bien des dangers pour moi, peut-être compromettre vos intérêts. Vous avez tant fait déjà, en m'accordant à votre bord une hospitalité à laquelle je n'avais aucun droit...

— Pardonnez-moi, miss Jenny, répondit James Playfair, mais je vous affirme que je ne comprends pas vos paroles. Je me suis conduit envers vous comme fait tout homme bien élevé envers une femme, et mes façons d'agir ne méritent ni tant de reconnaissance ni tant de remercîments.

— Monsieur Playfair, dit Jenny, il est inutile de feindre plus longtemps. Crockston m'a tout appris!

— Ah! fit le capitaine, Crockston vous a tout appris. Alors je comprends de moins en moins le motif qui vous a fait quitter votre cabine et venir me faire entendre des paroles dont... »

En parlant ainsi, le jeune capitaine était assez embarrassé de sa personne; il se rappelait la façon brutale avec laquelle il avait accueilli les ouvertures de l'Américain; mais Jenny ne lui laissa pas le temps de s'expliquer davantage, fort heureusement pour lui, et elle l'interrompit en disant :

« Monsieur James, je n'avais d'autre projet, en prenant passage à votre bord, que d'aller à Charleston, et là, si cruels que soient les esclavagistes, ils n'auraient pas refusé à une pauvre fille de lui laisser partager la prison de son père. Voilà tout, et je n'aurais jamais espéré un retour impossible; mais puisque votre générosité va jusqu'à vouloir délivrer mon père prisonnier, puisque vous voulez tout tenter pour le sauver, soyez assuré de ma vive reconnaissance, et laissez-moi vous donner la main ! »

James ne savait que dire ni quelle contenance garder ; il se mordait les lèvres ; il n'osait prendre cette main que lui tendait la jeune fille. Il voyait bien que Crockston l'avait « compromis, » afin qu'il ne lui fût pas possible de reculer. Et cependant, il n'entrait pas dans ses idées de concourir à la délivrance de Mr. Halliburtt et de se mettre une mauvaise affaire sur le dos. Mais comment trahir les espérances conçues par cette pauvre fille ? Comment refuser cette main qu'elle lui tendait avec un sentiment si profond d'amitié ? Comment changer en larmes de douleur les larmes de reconnaissance qui s'échappaient de ses yeux ?

Aussi, le jeune homme chercha-t-il à répondre évasivement, de manière à conserver sa liberté d'action et à ne pas s'engager pour l'avenir.

« Miss Jenny, dit-il, croyez bien que je ferai tout au monde pour... »

Et il prit dans ses mains la petite main de Jenny ; mais à la douce pression qu'il éprouva, il sentit son cœur se fondre, sa tête se troubler ; les mots lui manquèrent pour exprimer ses pensées ; il balbutia quelques paroles vagues :

« Miss... miss Jenny... pour vous... »

Crockston, qui l'examinait, se frottait les mains en grimaçant et répétait :

« Ça arrive ! ça arrive ! c'est arrivé ! »

Comment James Playfair se serait-il tiré de cette embarrassante situation? Nul n'aurait pu le dire. Mais heureusement pour lui, sinon pour *le Delphin*, la voix du matelot de vigie se fit entendre.

« Ohé! officier de quart! cria-t-il.

— Quoi de nouveau? répondit Mr. Mathew.

— Une voile au vent! »

James Playfair, quittant aussitôt la jeune fille, s'élança dans les haubans d'artimon.

V

LES BOULETS DE L'IROQUOIS ET LES ARGUMENTS DE MISS JENNY.

La navigation du *Delphin* s'était accomplie jusqu'alors avec beaucoup de bonheur et dans de remarquables conditions de rapidité. Pas un seul navire ne s'était montré en vue avant cette voile signalée par la vigie.

Le *Delphin* se trouvait alors par 32° 15′ de latitude et 57°43′ de longitude à l'ouest du méridien de Greenwich, c'est-à-dire aux trois cinquièmes de son parcours. Depuis quarante-huit heures, un brouillard qui commençait alors à se lever couvrait les eaux de l'Océan. Si cette brume favorisait *le Delphin* en cachant sa marche, elle l'empêchait aussi d'observer la mer sur une grande étendue, et, sans s'en douter, il pouvait naviguer bord à bord, pour ainsi dire, avec les navires qu'il voulait éviter.

Or, c'est ce qui était arrivé, et quand le navire fut signalé, il ne se trouvait pas à plus de trois milles[1] au vent.

Lorsque James Playfair eut atteint les barres, il aperçut visiblement dans l'éclaircie une grande corvette fédérale qui marchait à toute vapeur. Elle se dirigeait sur *le Delphin* de manière à lui couper la route.

Le capitaine, après l'avoir soigneusement examinée, redescendit sur le pont et fit venir son second.

« Monsieur Mathew, lui dit-il, que pensez-vous de ce navire ?

— Je pense, capitaine, que c'est un navire de la marine fédérale qui suspecte nos intentions.

— En effet, il n'y a pas de doute possible sur sa nationalité, répondit James Playfair. Voyez. »

En ce moment, le pavillon étoilé des États-Unis du Nord montait à la corne de la corvette, et celle-ci assurait ses couleurs d'un coup de canon.

« Une invite à montrer les nôtres, dit Mr.

---

[1]. 5556 mètres, un peu plus de 5 kilomètres 1/2.

Mathew. Eh bien, montrons-les. Il n'y a pas à en rougir.

— A quoi bon ? répondit James Playfair. Notre pavillon ne nous couvrirait guère, et il n'empêcherait pas ces gens-là de vouloir nous rendre visite. Non. Allons de l'avant.

— Et marchons vite, reprit Mr. Mathew, car si mes yeux ne me trompent pas, j'ai déjà vu cette corvette quelque part aux environs de Liverpool, où elle venait surveiller les bâtiments en construction. Que je perde mon nom, si on ne lit pas *l'Iroquois* sur le tableau de son taffrail[1].

— Et c'est une bonne marcheuse ?

— L'une des meilleures de la marine fédérale.

— Quels canons porte-t-elle ?

— Huit canons.

— Peuh !

— Oh ! ne haussez pas les épaules, capitaine, répliqua Mr. Mathew d'un ton sérieux. De ces huit canons, il y en a deux à pivots, l'un de soixante sur le gaillard d'arrière, l'autre de cent sur le pont, et rayés tous les deux.

— Diable ! fit James Playfair, ce sont des Parrotts, et cela porte à trois milles, ces canons-là.

— Oui, et même mieux, capitaine.

— Eh bien, monsieur Mathew, que les canons soient

---

1. Nom donné à l'arrière des vaisseaux américains.

de cent ou de quatre, qu'ils portent à trois milles ou à cinq cents yards, c'est tout un, quand on file assez vite pour éviter leurs boulets. Nous allons donc montrer à cet *Iroquois* comment on marche quand on est fait pour marcher. Faites activer les feux monsieur Mathew. »

Le second transmit à l'ingénieur[1] les ordres du capitaine, et bientôt une fumée noire tourbillonna au dessus des cheminées du steamer.

Ces symptômes ne parurent pas être du goût de la corvette, car elle fit au *Dolphin* le signal de mettre en panne. Mais James Playfair ne tint aucun compte de l'avertissement et ne changea pas la direction de son navire.

« Et maintenant, dit-il, nous allons voir ce que fera l'*Iroquois*. Il a une belle occasion d'essayer son canon de cent et de savoir jusqu'où il porte. Que l'on marche à toute vapeur !

— Bon ! fit Mr. Mathew, nous ne tarderons pas à être salués d'une belle manière. »

En revenant sur la dunette, le capitaine vit miss Halliburtt assise tranquillement près de la lisse.

« Miss Jenny, lui dit-il, nous allons probablement être chassés par cette corvette que vous voyez au vent, et, comme elle va nous parler à coups de canon, je vous offre mon bras pour vous reconduire à votre cabine.

1. Le mécanicien est ainsi appelé dans la marine anglaise.

— Je vous remercie bien, monsieur Playfair, répondit la jeune fille en regardant le jeune homme, mais je n'ai pas peur d'un coup de canon.

— Cependant, miss, malgré la distance, il peut y avoir quelque danger.

— Oh! je n'ai pas été élevée en fille craintive. On nous habitue à tout, en Amérique, et je vous assure que les boulets de *l'Iroquois* ne me feront pas baisser la tête.

— Vous êtes brave, miss Jenny.

— Admettons que je sois brave, monsieur Playfair, et permettez-moi de rester auprès de vous.

— Je n'ai rien à vous refuser, miss Halliburtt, répondit le capitaine en considérant la tranquille assurance de la jeune fille.

Ces mots étaient à peine achevés, que l'on vit une vapeur blanche jaillir hors des bastingages de la corvette fédérale. Avant que le bruit de la détonation ne fût arrivé jusqu'au *Delphin*, un projectile cylindro-conique, tournant sur lui-même avec une effroyable rapidité, et se vissant dans l'air, pour ainsi dire, se dirigea vers le steamer. Il était facile de le suivre dans sa marche, qui s'opérait avec une certaine lenteur relative, car les projectiles s'échappent moins vite de la bouche des canons rayés que de tout autre canon à âme lisse.

Arrivé à vingt brasses du *Delphin*, le projectile, dont la trajectoire s'abaissait sensiblement, effleura les lames, en marquant son passage par une suite de jets d'eau ; puis il prit un nouvel élan en touchant la surface liquide, il rebondit à une certaine hauteur, passa par-dessus *le Delphin* en coupant le bras tribord de la vergue de misaine, retomba à trente brasses au delà et s'enfonça dans les flots.

— Diable ! fit James Playfair, gagnons ! gagnons ! Le second boulet ne se fera pas attendre.

— Oh ! fit Mr. Mathew, il faut un certain temps pour recharger de telles pièces.

— Ma foi, voilà qui est fort intéressant à voir, dit Crockston, qui, les bras croisés, regardait la scène en spectateur parfaitement désintéressé. Et dire que ce sont nos amis qui nous envoient des boulets pareils !

— Ah ! c'est toi ! s'écria James Playfair en toisant l'Américain des pieds à la tête.

— C'est moi, capitaine, répondit imperturbablement l'Américain. Je viens voir comment tirent ces braves fédéraux. Pas mal, en vérité, pas mal ! »

Le capitaine allait répondre assez vertement à Crockston ; mais en ce moment un second projectile vint frapper la mer par le travers de la hanche de tribord.

« Bien ! s'écria James Playfair, nous avons déjà gagné deux encablures sur cet *Iroquois*. Ils marchent comme une bouée, tes amis, entends-tu, maître Crockston ?

— Je ne dis pas non, répliqua l'Américain, et, pour

la première fois de ma vie, cela ne laisse pas de me faire plaisir. »

Un troisième boulet resta fort en arrière des deux premiers, et en moins de dix minutes, le *Delphin* s'était mis hors de la portée des canons de la corvette.

« Voilà qui vaut tous les *patent-logs* du monde, monsieur Mathew, dit James Playfair, et, grâce à ces boulets, nous savons à quoi nous en tenir sur notre vitesse. Maintenant, faites pousser les feux à l'arrière. Ce n'est pas la peine de brûler inutilement notre combustible.

— C'est un bon navire que vous commandez là, dit alors miss Halliburtt au jeune capitaine.

— Oui, miss Jenny, il file ses dix-sept nœuds, mon brave *Delphin*, et avant la fin de la journée nous aurons perdu de vue cette corvette fédérale. »

James Playfair n'exagérait pas les qualités nautiques de son bâtiment, et le soleil ne s'était pas encore couché, que le sommet des mâts du navire américain avait disparu derrière l'horizon.

Cet incident permit au capitaine d'apprécier sous un jour tout nouveau le caractère de miss Halliburtt. D'ailleurs la glace était rompue. Désormais, pendant le reste de la traversée, les entretiens furent fréquents et prolongés entre le capitaine du *Delphin* et sa passagère. Il trouva en elle une jeune fille calme, forte, réfléchie, intelligente, parlant avec une grande franchise, à l'américaine, ayant des idées arrêtées sur toutes choses et les émettant avec une conviction qui pénétrait le cœur de James Playfair, et cela à son insu. Elle aimait son pays ; elle se passionnait pour la grande idée de l'Union, et elle s'exprimait sur la guerre des États-Unis avec un enthousiasme dont toute autre femme n'eût pas été capable. Aussi arriva-t-il plus d'une fois que James Playfair fut fort embarrassé de lui répondre. Souvent même les opinions du « négociant » se trouvaient en jeu, et Jenny les attaquait avec non moins de vigueur et ne voulait transiger en aucune façon. D'abord, James discuta beaucoup. Il essaya de soutenir les confédérés contre les fédéraux, de prouver que le droit était du côté des sécessionnistes et d'affirmer que des gens qui s'étaient réunis volontairement pouvaient se séparer de même. Mais la jeune fille ne voulut pas céder sur ce point; elle démontra, d'ailleurs, que la question de l'esclavage primait toutes les autres dans cette lutte des Américains du Nord contre ceux du Sud, qu'il s'agissait beaucoup plus de morale et d'humanité que de politique, et James fut battu sans pouvoir répliquer. D'ailleurs, pendant ces discussions, il écoutait surtout. S'il fut plus touché des arguments de Miss Halliburtt que du charme qu'il éprouvait à l'entendre, c'est ce qu'il est presque impossible de dire; mais enfin il dut reconnaître, entre autres choses, que la question de l'esclavage était une question principale dans la guerre des États-Unis, qu'il fallait la trancher définitivement et en finir avec ces dernières horreurs des temps barbares.

Du reste, on l'a dit, les opinions politiques du capitaine ne le préoccupaient pas beaucoup. Il en eût sacrifié de plus sérieuses à des arguments présentés sous une forme aussi attachante et dans des conditions semblables. Il faisait donc bon marché de ses idées en pareille matière; mais ce ne fut pas tout, et le « négociant » fut enfin attaqué directement dans ses intérêts les plus chers. Ce fut sur la question du trafic auquel était destiné *le Delphin*, et à propos des munitions qu'il portait aux confédérés.

« Oui, monsieur James, lui dit un jour miss Halliburtt, la reconnaissance ne saurait m'empêcher de vous parler avec la plus entière franchise. Au contraire. Vous êtes un brave marin, un habile commerçant, la maison Playfair est citée pour son honorabilité; mais, en ce moment, elle manque à ses principes, et elle ne fait pas un métier digne d'elle.

— Comment! s'écria James, la maison Playfair n'a pas le droit de tenter une pareille opération de commerce!

— Non! Elle porte des munitions de guerre à des malheureux en pleine révolte contre le gouvernement régulier de leur pays, et c'est prêter des armes à une mauvaise cause.

— Ma foi, miss Jenny, répondit le capitaine, je ne discuterai pas avec vous le droit des Confédérés. Je ne vous répondrai que par un mot : je suis négociant, et comme tel, je ne me préoccupe que des intérêts de ma maison. Je cherche le gain partout où il se présente.

— Voilà précisément ce qui est blâmable, monsieur James, reprit la jeune fille. Le gain n'excuse pas. Ainsi, quand vous vendez aux Chinois l'opium qui les abrutit, vous êtes aussi coupable qu'en ce moment où vous fournissez aux gens du Sud, les moyens de continuer une guerre criminelle !

— Oh ! pour cette fois, miss Jenny, ceci est trop fort, et je ne puis admettre...

— Non, ce que je dis est juste, et quand vous descendrez en vous-même, lorsque vous comprendrez bien le rôle que vous jouez, lorsque vous songerez aux résultats dont vous êtes parfaitement responsable aux yeux de tous, vous me donnerez raison sur ce point comme sur tant d'autres. »

A ces paroles, James Playfair restait abasourdi. Il quittait alors la jeune fille, en proie à une colère véritable, car il sentait son impuissance à répondre ; puis il boudait comme un enfant pendant une demi-heure, une heure au plus, et il revenait à cette singulière jeune fille, qui l'accablait de ses plus sûrs arguments avec un si aimable sourire.

Bref, quoi qu'il en eût, et bien qu'il ne voulût pas en convenir, le capitaine James Playfair ne s'appartenait plus. Il n'était plus « maître après Dieu » à bord de son navire.

Aussi, à la grande joie de Crockston, les affaires de Mr. Halliburtt semblaient être en bon chemin. Le capitaine paraissait décidé à tout entreprendre pour délivrer le père de miss Jenny, dût-il, pour cela, compromettre le *Delphin*, sa cargaison, son équipage, et encourir les malédictions de son digne oncle Vincent.

VI

LE CHENAL DE L'ILE SULLIVAN.

Deux jours après la rencontre de la corvette *l'Iroquois*, le *Delphin* se trouvait par le travers des Bermudes, et il eut à essuyer une violente bourrasque. Ces parages sont fréquemment visités par des ouragans d'une extrême véhémence. Ils sont célèbres par leurs sinistres, et c'est là que Shakspeare a placé les émouvantes scènes de son drame de *la Tempête*, dans lequel Ariel et Caliban se disputent l'empire des flots.

Ce coup de vent fut épouvantable. James Playfair eut un instant la pensée de relâcher à Mainland, l'une des Bermudes, où les Anglais ont un poste militaire.

C'eût été un contre-temps fâcheux, et surtout regrettable. Le *Delphin*, heureusement, se comporta d'une merveilleuse façon pendant la tempête, et, après avoir fui un jour entier devant l'ouragan, il put reprendre sa route vers la côte américaine.

Mais si James Playfair s'était montré satisfait de son navire, il n'avait pas été moins ravi du courage et du sang-froid de la jeune fille. Miss Halliburtt passa près de lui, sur le pont, les plus mauvaises heures de l'ouragan. Aussi James, en s'interrogeant bien, vit qu'un amour profond, impérieux, irrésistible, s'emparait de tout son être.

« Oui, dit-il, cette vaillante fille est maîtresse à mon bord ! Elle me retourne comme fait la mer d'un bâtiment en détresse. Je sens que je sombre ! Que dira l'oncle Vincent ? Ah ! pauvre nature ! Je suis sûr que si Jenny me demandait de jeter à la mer toute cette maudite cargaison de contrebande, je le ferais sans hésiter, pour l'amour d'elle. »

Heureusement pour la maison Playfair et Co., miss Halliburtt n'exigea pas ce sacrifice. Néanmoins, le pauvre capitaine était bien pris, et Crockston, qui lisait dans son cœur à livre ouvert, se frottait les mains à en perdre l'épiderme.

« Nous le tenons, nous le tenons ! se répétait-il à lui-même, et avant huit jours, mon maître sera tranquillement installé à bord dans la meilleure cabine du *Delphin*. »

Quant à miss Jenny, s'aperçut-elle des sentiments qu'elle inspirait, se laissa-t-elle aller à les partager, nul ne le saurait dire, et James Playfair moins que personne. La jeune fille se tenait dans une réserve parfaite, tout en subissant l'influence de son éducation américaine, et son secret demeura profondément enseveli dans son cœur.

Mais, pendant que l'amour faisait de tels progrès dans l'âme du jeune capitaine, le Delphin filait avec une non moins grande rapidité vers Charleston.

Le 13 janvier, la vigie signala la terre à dix milles dans l'ouest. C'était une côte basse et presque confondue dans son éloignement avec la ligne des flots. Crockston examinait attentivement l'horizon, et, vers neuf heures du matin, fixant un point dans l'éclaircie du ciel, il s'écria :

« Le phare de Charleston ! »

Si le Delphin fût arrivé de nuit, ce phare, situé sur l'île Morris, et élevé de cent quarante pieds au-dessus du niveau de la mer, eût été aperçu depuis plusieurs heures, car les éclats de son feu tournant sont visibles à une distance de quatorze milles.

Lorsque la position du Delphin fut ainsi relevée, James Playfair n'eut plus qu'une chose à faire : décider par quelle passe il pénétrerait dans la baie de Charleston.

« Si nous ne rencontrons aucun obstacle, dit-il,

avant trois heures nous serons en sûreté dans les docks du port. »

La ville de Charleston est située au fond d'un estuaire long de sept milles, large de deux, nommé Charleston-Harbour, et dont l'entrée est assez difficile. Cette entrée est resserrée entre l'île Morris au sud et l'île Sullivan au nord. A l'époque où *le Delphin* vint tenter de forcer le blocus, l'île Morris appartenait déjà aux troupes fédérales, et le général Gillmore y faisait établir des batteries qui battaient et commandaient la rade. L'île Sullivan, au contraire, était aux mains des Confédérés qui tenaient bon dans le fort Moultrie, situé à son extrémité. Il y avait donc tout avantage pour *le Delphin* à raser de près les rivages du nord, pour éviter le feu des batteries de l'île Morris.

Cinq passes permettaient de pénétrer dans l'estuaire : le chenal de l'île Sullivan, le chenal du nord, le chenal Overall, le chenal principal, et enfin le chenal Lawford; mais ce dernier ne doit pas être attaqué par des étrangers, à moins qu'ils n'aient d'excellentes pratiques à bord, et des navires calant moins de sept pieds d'eau. Quant au chenal du nord et au chenal Overall, ils étaient enfilés par les batteries fédérales. Donc, il ne fallait pas y penser. Si James Playfair avait eu la possibilité de choisir, il aurait engagé

1. C'est dans cette île que le célèbre romancier américain Edgar Poë, a placé ses scènes les plus étranges.

son steamer dans le chenal principal, qui est le meilleur et dont les relèvements sont faciles à suivre ; mais il fallait s'en remettre aux circonstances et se décider suivant l'événement. D'ailleurs, le capitaine du *Delphin* connaissait parfaitement tous les secrets de cette baie, ses dangers, la profondeur de ses eaux à mer basse, ses courants ; il était donc capable de gouverner son bâtiment avec la plus parfaite sûreté, dès qu'il aurait embouqué l'un de ces étroits pertuis. La grande question était donc d'y pénétrer.

Or, cette manœuvre demandait une grande expérience de la mer, et une exacte connaissance des qualités du *Delphin*.

En effet, deux frégates fédérales croisaient alors dans les eaux de Charleston. Mr. Mathew les signala bientôt à l'attention de James Playfair.

« Elles se préparent, dit-il, à nous demander ce que nous venons faire dans ces parages.

— Eh bien, nous ne leur répondrons pas, répliqua le capitaine, et elles en seront pour leurs frais de curiosité. »

Cependant, les croiseurs se dirigeaient à toute vapeur vers *le Delphin*, qui continua sa route tout en ayant soin de se tenir hors de portée de leurs canons. Mais, afin de gagner du temps, James Playfair mit le cap au sud-ouest, voulant donner le change aux bâtiments ennemis. Ceux-ci durent croire, en effet, que *le Delphin* avait l'intention de se lancer dans les passes de l'île Morris. Or, il y avait là des batteries et des canons dont un seul boulet eût suffi à couler bas le navire anglais. Les fédéraux laissèrent donc *le Delphin* courir vers le sud-ouest, en se contentant de l'observer, et sans lui appuyer trop vivement la chasse.

Aussi, pendant une heure, la situation respective des navires ne changea pas. D'ailleurs, James Playfair, voulant tromper les croiseurs sur la marche du *Delphin*, avait fait modérer le jeu des tiroirs, et ne marchait qu'à petite vapeur. Cependant, aux épais tourbillons de fumée qui s'échappaient de ses cheminées, on devait croire qu'il cherchait à obtenir son maximum de pression, et par conséquent son maximum de rapidité.

« Ils seront bien étonnés tout à l'heure, dit James Playfair, quand ils nous verront filer entre leurs mains ! »

En effet, lorsque le capitaine se vit assez rapproché de l'île Morris, et devant une ligne de canons dont il ne connaissait pas la portée, il changea brusquement sa barre, fit pirouetter son navire sur lui-même, et revint au nord, en laissant les croiseurs à deux milles au vent de lui. Ceux-ci, voyant cette manœuvre, comprirent les projets du steamer, et ils se mirent résolûment à le poursuivre. Mais il était trop tard. *Le Delphin*, doublant sa vitesse sous l'action de ses hélices lancées à toute volée, les distança rapidement en se rapprochant de la côte. Quelques boulets lui furent adressés par acquit de conscience; mais les fédéraux en furent pour leurs projectiles, qui n'arrivèrent seulement pas à mi-chemin. A onze heures du matin, le steamer, rangeant de près l'île Sullivan, grâce à son faible tirant d'eau, donnait à pleine vapeur dans l'étroite passe. Là, il se trouvait en sûreté, car aucun croiseur fédéral n'eût osé le suivre dans ce chenal qui ne donne pas en moyenne onze pieds d'eau en basse mer.

« Comment, s'écria Crockston, ce n'est pas plus difficile que cela?

— Oh! oh! maître Crockston, répondit James Playfair, le difficile n'est pas d'entrer, mais de sortir.

— Bah! répondit l'Américain, voilà qui ne m'inquiète guère. Avec un bâtiment comme le *Delphin* et un capitaine comme monsieur James Playfair, on entre quand on veut et on sort de même. »

Cependant, James Playfair, sa lunette à la main, examinait avec attention la route à suivre. Il avait sous les yeux d'excellentes cartes côtières qui lui permirent de marcher en avant sans un embarras, sans une hésitation.

Son navire une fois engagé dans le chenal étroit qui court le long de l'île Sullivan, James gouverna en relevant le milieu du fort Moultrie à l'ouest-demi-nord, jusqu'à ce que le château de Pickney, reconnaissable à sa couleur sombre, et situé sur l'îlot isolé de Shute's Folly, se montrât au nord-nord-est. De l'autre côté, il tint la maison du fort Johnson, élevé sur la gauche, ouverte de deux degrés au nord du fort Sumter.

En ce moment, il fut salué de quelques boulets partis des batteries de l'île Morris, qui ne l'atteignirent pas. Il continua donc sa route, sans dévier d'un point, passa devant Moultrieville, située à l'extrémité de l'île Sullivan, et débouqua dans la baie.

Bientôt, il laissa le fort Sumter sur sa gauche, et fut masqué par lui des batteries fédérales.

Ce fort, célèbre dans la guerre des États-Unis, est situé à trois milles et un tiers de Charleston[1], et à un mille environ de chaque côté de la baie. C'est un pentagone tronqué, construit sur une île artificielle en granit du Massachussetts, et dont la construction a duré dix ans et a coûté plus de neuf cent mille dollars[2].

C'est de ce fort que, le 13 avril 1861, Anderson et les troupes fédérales furent chassés, et c'est contre lui que se tira le premier coup de feu des séparatistes. On ne saurait évaluer les masses de fer et de plomb que les canons des fédéraux vomirent sur lui. Cependant, il résista pendant près de trois années. Quelques mois plus tard, après le passage du *Delphin*, il tomba sous les boulets de trois cents livres des canons rayés de Parrott, que le général Gillmore fit établir sur l'île Morris.

1. 5 kilomètres.
2. Environ 5 millions de francs.

Mais alors, il était dans toute sa force, et le drapeau des Confédérés flottait au-dessus de cet énorme pentagone de pierre.

Une fois le fort dépassé, la ville de Charleston apparut couchée entre les deux rivières d'Ashley et de Cooper; elle formait une pointe avancée sur la rade.

James Playfair fila au milieu des bouées qui marquent le chenal, en laissant au sud-sud-ouest le phare de Charleston, visible au-dessus des terrassements de l'île Morris. Il avait alors hissé à sa corne le pavillon d'Angleterre, et il évoluait avec une merveilleuse rapidité dans les passes.

Lorsqu'il eut laissé sur tribord la bouée de la Quarantaine, il s'avança librement au milieu des eaux de la baie. Miss Halliburtt était debout sur la dunette, considérant cette ville où son père était retenu prisonnier, et ses yeux se remplissaient de larmes.

Enfin, l'allure du steamer fut modérée sur l'ordre du capitaine, *le Delphin* rangea à la pointe les batteries du sud et de l'est, et bientôt il fut amarré à quai dans le *North-Commercial wharf*.

VII

UN GÉNÉRAL SUDISTE

Le Delphin, en arrivant aux quais de Charleston, avait été salué par les hurrahs d'une foule nombreuse. Les habitants de cette ville, étroitement bloquée par mer, n'étaient pas accoutumés aux visites de navires européens. Ils se demandaient, non sans étonnement, ce que venait faire dans leurs eaux ce grand steamer portant fièrement à sa corne le pavillon d'Angleterre. Mais quand on sut le but de son voyage, pourquoi il venait de forcer les passes de Sullivan, lorsque le bruit se répandit qu'il renfermait dans ses flancs toute une cargaison de contrebande de guerre, les applaudissements et les cris de joie redoublèrent d'intensité.

James Playfair, sans perdre un instant, se mit en rapport avec le général Beauregard, commandant militaire de la ville. Celui-ci reçut avec empressement le jeune capitaine du *Delphin*, qui arrivait fort à propos pour donner à ses soldats les habillements et les munitions dont ils avaient le plus grand besoin. Il fut donc convenu que le déchargement du navire se ferait immédiatement, et des bras nombreux vinrent en aide aux matelots anglais.

Avant de quitter son bord, James Playfair avait reçu de miss Halliburtt les plus pressantes recommandations au sujet de son père. Le jeune capitaine s'était mis tout entier au service de la jeune fille.

« Miss Jenny, avait-il dit, vous pouvez compter sur moi ; je ferai l'impossible pour sauver votre père, mais j'espère que cette affaire ne présentera pas de difficultés ; j'irai voir le général Beauregard aujourd'hui même, et, sans lui demander brusquement la liberté de Mr. Halliburtt, je saurai de lui dans quelle situation il se trouve, s'il est libre sur parole ou prisonnier.

— Mon pauvre père ! répondit en soupirant Jenny, il ne sait pas sa fille si près de lui. Que ne puis-je voler dans ses bras !

— Un peu de patience, miss Jenny. Bientôt, vous embrasserez votre père. Comptez bien que j'agirai avec le plus entier dévouement, mais aussi en homme prudent et réfléchi. »

C'est pourquoi James Playfair, fidèle à sa promesse, après avoir traité en négociant les affaires de sa maison, livré la cargaison du *Delphin* au général et traité de l'achat à vil prix d'un immense stock de coton, mit la conversation sur les événements du jour.

« Ainsi, dit-il au général Beauregard, vous croyez au triomphe des esclavagistes?

— Je ne doute pas un instant de notre victoire définitive, et en ce qui regarde Charleston, l'armée de Lee en fera bientôt cesser l'investissement. D'ailleurs, que voulez-vous attendre des abolitionnistes? En admettant, ce qui ne sera pas, que les villes commerçantes de la Virginie, des deux Carolines, de la Géorgie, de l'Alabama, du Mississipi vinssent à tomber en leur pouvoir, après? Seraient-ils maîtres d'un pays qu'ils ne pourront jamais occuper? Non certes, et suivant moi, s'ils étaient jamais victorieux, ils seraient fort embarrassés de leur victoire.

— Et vous êtes absolument sûr de vos soldats, demanda le capitaine, vous ne craignez pas que Charleston ne se lasse d'un siége qui la ruine?

— Non! je ne crains pas la trahison. D'ailleurs, les traîtres seraient sacrifiés sans pitié, et je détruirais la ville elle-même par le fer ou la flamme si j'y surprenais le moindre mouvement unioniste. Jefferson Davis m'a confié Charleston, et vous pouvez croire que Charleston est en mains sûres.

— Est-ce que vous avez des prisonniers nordistes? demanda James Playfair, arrivant à l'objet intéressant de la conversation.

— Oui, capitaine, répondit le général. C'est à Charleston qu'a éclaté le premier coup de feu de la scission. Les abolitionnistes qui se trouvaient ici ont voulu résister, et, après avoir été battus, ils sont restés prisonniers de guerre.

— Et vous en avez beaucoup ?
— Une centaine environ.
— Libres dans la ville ?
— Ils l'étaient jusqu'au jour où j'ai découvert un complot formé par eux. Leur chef était parvenu à établir des communications avec les assiégeants, qui se trouvaient instruits de la situation de la ville. J'ai donc dû faire enfermer ces hôtes dangereux, et plusieurs de ces fédéraux ne sortiront de leur prison que pour monter sur les glacis de la citadelle, et, là, dix balles confédérées auront raison de leur fédéralisme.

— Quoi ! fusillés ! s'écria le jeune capitaine, tressaillant malgré lui.

— Oui ! et leur chef tout d'abord. Un homme fort déterminé et fort dangereux dans une ville assiégée. J'ai envoyé sa correspondance à la présidence de Richmond, et avant huit jours, son sort sera irrévocablement fixé.

— Quel est donc cet homme dont vous parlez ? demanda James Playfair avec la plus parfaite insouciance.

— Un journaliste de Boston, un abolitionniste enragé, l'âme damnée de Lincoln.

— Et vous le nommez ?
— Jonathan Halliburtt.
— Pauvre diable ! fit James en contenant son émo-

tion. Quoi qu'il ait fait, on ne peut s'empêcher de le plaindre. Et vous croyez qu'il sera fusillé ?

— J'en suis sûr, répondit Beauregard. Que voulez-vous ! La guerre est la guerre. On se défend comme on peut.

— Enfin, cela ne me regarde pas, répondit le capitaine, et même, quand cette exécution aura lieu je serai déjà loin.

— Quoi ! vous pensez déjà à repartir !

— Oui, général, on est négociant avant tout. Dès que mon chargement de coton sera terminé, je prendrai la mer. Je suis entré à Charleston, c'est bien, mais il faut en sortir. Là est l'important. *Le Delphin* est un bon navire ; il peut défier à la course tous les bâtiments de la marine fédérale ; mais si vite qu'il soit, il n'a pas la prétention de distancer un boulet de cent, et un boulet dans sa coque ou sa machine ferait singulièrement avorter ma combinaison commerciale.

— A votre aise, capitaine, répondit Beauregard. Je n'ai point de conseil à vous donner en pareille circonstance. Vous faites votre métier, et vous avez raison. A votre place, j'agirais comme vous agissez. D'ailleurs, le séjour de Charleston est peu agréable, et une rade, où il pleut des bombes trois jours sur quatre, n'est pas un abri sûr pour un navire. Vous partirez donc quand il vous plaira. Mais un simple renseignement. Quelle est la force et le nombre des navires fédéraux qui croisent devant Charleston ? »

James Playfair satisfit aussi bien que possible aux demandes du général, et il prit congé de lui dans les meilleurs termes. Puis, il revint au *Delphin* très-soucieux, très-affligé de ce qu'il venait d'apprendre.

« Que dire à miss Jenny, pensait-il, dois-je l'instruire de la terrible situation de Mr. Halliburtt! Vaut-il mieux lui laisser ignorer les dangers qui la menacent! Pauvre enfant! »

Il n'avait pas fait cinquante pas hors de la maison du gouverneur, qu'il se heurta contre Crockston. Le digne Américain le guettait depuis son départ.

« Eh bien, capitaine? »

James Playfair regarda fixement Crockston, et celui-ci comprit bien que le capitaine n'avait pas de nouvelles favorables à lui donner.

« Vous avez vu Beauregard? demanda-t-il.

— Oui, répondit James Playfair.

— Et vous lui avez parlé de Mr. Halliburtt?

— Non! c'est lui qui m'en a parlé.

— Eh bien, capitaine?

— Eh bien!... on peut tout te dire à toi, Crockston.

— Tout, capitaine.

— Eh bien! le général Beauregard m'a dit que ton maître serait fusillé dans huit jours. »

A cette nouvelle, un autre que Crockston aurait bondi de rage, ou bien il se serait laissé aller aux éclats d'une douleur compromettante. Mais l'Américain, qui ne doutait de rien, eut comme un sourire sur ses lèvres et dit seulement :

« Bah ! qu'importe !

— Comment ! qu'importe ! s'écria James Playfair. Je te dis que Mr. Halliburtt sera fusillé dans huit jours, et tu réponds : Qu'importe !

— Oui, si dans six jours il est à bord du *Delphin*, et si dans sept, *le Delphin* est en plein Océan.

— Bien ! fit le capitaine en serrant la main de Crockston. Je te comprends, mon brave. Tu es un homme de résolution, et moi, en dépit de l'oncle Vincent et de la cargaison du *Delphin*, je me ferais sauter pour miss Jenny.

— Il ne faut faire sauter personne, répondit l'Américain. Ça ne profite qu'aux poissons. L'important, c'est de délivrer Mr. Halliburtt.

— Mais sais-tu que ce sera difficile !

— Peuh ! fit Crockston.

— Il s'agit de communiquer avec un prisonnier sévèrement gardé.

— Sans doute.

— Et de mener à bien une évasion presque miraculeuse !

— Bah ! fit Crockston. Un prisonnier est plus possédé de l'idée de s'enfuir que son gardien n'est possédé de l'idée de le garder. Donc, un prisonnier doit toujours réussir à se sauver. Toutes les chances sont pour lui. C'est pourquoi, grâce à nos manœuvres, Mr. Halliburtt se sauvera.

— Tu as raison, Crockston.

— Toujours raison.

— Mais, enfin, comment feras-tu ? Il faut un plan, il y a des précautions à prendre.

— J'y réfléchirai.

— Mais miss Jenny, quand elle va apprendre que son père est condamné à mort, et que l'ordre de son exécution peut arriver d'un jour à l'autre....

— Elle ne l'apprendra pas, voilà tout.

— Oui, qu'elle l'ignore. Cela vaut mieux, et pour elle et pour nous.

— Où est enfermé Mr. Halliburtt ? demanda Crockston.

— A la citadelle, répondit James Playfair.

— Parfait. A bord, maintenant !

— A bord, Crockston ! »

VIII

L'ÉVASION.

Miss Jenny, assise sur la dunette du *Delphin*, attendait avec une anxieuse impatience le retour du capitaine. Lorsque celui-ci l'eut rejointe, elle ne put articuler une seule parole, mais ses regards interrogeaient James Playfair plus ardemment que ne l'eussent fait ses lèvres.

Celui-ci, aidé de Crockston, n'apprit à la jeune fille que les faits relatifs à l'emprisonnement de son père. Il lui dit qu'il avait prudemment pressenti Beauregard au sujet de ses prisonniers de guerre. Le général ne lui ayant pas paru bien disposé à leur égard, il s'était tenu sur la réserve et voulait prendre conseil des circonstances.

« Puisque Mr. Halliburtt n'est pas libre dans la ville, sa fuite offrira plus de difficulté ; mais je viendrai à bout de ma tâche, et je vous jure, miss Jenny, que *le Delphin* ne quittera pas la rade de Charleston sans avoir votre père à son bord.

— Merci, monsieur James, dit Jenny, je vous remercie de toute mon âme. »

A ces paroles, James Playfair sentit son cœur bondir dans sa poitrine. Il s'approcha de la jeune fille, le regard humide, la parole troublée. Peut-être allait-il parler, faire l'aveu des sentiments qu'il ne pouvait plus contenir, quand Crockston intervint.

« Ce n'est pas tout cela, dit-il, et ce n'est pas le moment de s'attendrir. Causons et causons bien.

— As-tu un plan, Crockston? demanda la jeune fille.

— J'ai toujours un plan, répondit l'Américain. C'est ma spécialité.

— Mais un bon? dit James Playfair.

— Excellent, et tous les ministres de Washington n'en imagineraient pas un meilleur. C'est comme si Mr. Halliburtt était à bord. »

Crockston disait ces choses avec une telle assurance et en même temps une si parfaite bonhomie, qu'il eût fallu être le plus incrédule des hommes pour ne pas partager sa conviction.

« Nous t'écoutons, Crockston, dit James Playfair.

— Bon. Vous, capitaine, vous allez vous rendre auprès du général Beauregard, et vous lui demanderez un service qu'il ne vous refusera pas.

— Et lequel?

— Vous lui direz que vous avez à bord un mauvais sujet, un chenapan fini, qui vous gêne, qui, pendant la traversée, a excité l'équipage à la révolte, enfin, une abominable pratique, et vous lui demanderez la permission de l'enfermer à la citadelle, à la condition, toutefois, de le reprendre à votre départ afin de le ramener en Angleterre et de le livrer à la justice de son pays.

— Bon ! répondit James Playfair en souriant à demi. Je ferai tout cela, et Beauregard accédera très-volontiers à ma demande.

— J'en suis parfaitement sûr, répondit l'Américain.

— Mais, reprit Playfair, il me manque une chose.

— Quoi donc ?

— Le mauvais chenapan.

— Il est devant vos yeux, capitaine.

— Quoi, cet abominable sujet ?...

— C'est moi, ne vous en déplaise.

— Oh ! brave et digne cœur ! s'écria Jenny en pressant de ses petites mains les mains rugueuses de l'Américain.

— Va, Crockston reprit James Playfair, je te comprends, mon ami, et je ne regrette qu'une chose, c'est de ne pas pouvoir prendre ta place !

— A chacun son rôle, répliqua Crockston. Si vous vous mettiez à ma place, vous seriez très-embarrassé, et moi je ne le serai pas. Vous aurez assez à faire plus tard de sortir de la rade sous le canon des fédéraux et des confédérés, ce dont je me tirerais fort mal pour mon compte.

— Bien, Crockston, continue.

— Voilà. Une fois dans la citadelle, — je la connais, — je verrai comment m'y prendre, mais soyez certain que je m'y prendrai bien. Pendant ce temps, vous procéderez au chargement de votre navire.

— Oh ! les affaires, dit le capitaine, c'est maintenant un détail de peu d'importance.

— Pas du tout ! Et l'oncle Vincent ! Qu'est-ce qu'il dirait ? Faisons marcher de pair les sentiments et les opérations de commerce. Cela empêchera les soupçons. Mais faisons vite. Pouvez-vous être prêt en six jours ?

— Oui.

— Eh bien, que *le Delphin* soit chargé et prêt à partir dans la journée du 22.

— Il sera prêt.

— Le soir du 22 janvier, entendez bien, envoyez une embarcation, avec vos meilleurs hommes, à White-Point, à l'extrémité de la ville. Attendez jusqu'à neuf heures, et vous verrez apparaître Mr. Halliburtt et votre serviteur.

— Mais comment auras-tu fait pour faire évader Mr. Halliburtt et t'échapper toi-même ?

— Cela me regarde.

— Cher Crockston, dit alors Jenny, tu vas donc exposer ta vie pour sauver mon père !

— Ne vous inquiétez pas de moi, miss Jenny, je n'expose absolument rien, vous pouvez m'en croire.

— Et bien, demanda James Playfair, quand faut-il te faire enfermer ?

— Aujourd'hui même. Vous comprenez, je démoralise votre équipage. Il n'y a pas de temps à perdre.

— Veux-tu de l'or ? Cela peut te servir dans cette citadelle.

— De l'or, pour acheter un geôlier ! Point ! c'est trop cher et trop bête. Quand on en vient là, le geôlier garde l'argent et le prisonnier. Et il a raison, cet homme ! Non ! j'ai d'autres moyens plus sûrs. Cependant, quelques dollars. Il faut pouvoir boire au besoin.

— Et griser le geôlier.

— Non, un geôlier gris, ça compromet tout ! Non, je vous dis que j'ai mon idée. Laissez-moi faire.

— Tiens, mon brave Crockston, voilà une dizaine de dollars.

— C'est trop, mais je vous rendrai le surplus.

— Eh bien, es-tu prêt ?

— Tout prêt à être un coquin fieffé.

— Alors, en route.

— Crockston, dit la jeune fille d'une voix émue, Crockston, tu es bien le meilleur homme qui soit sur terre !

— Ça ne m'étonnerait pas, répondit l'Américain en riant d'un bon gros rire. Ah ! à propos, capitaine, une recommandation importante.

— Laquelle ?

— Si le général vous proposait de faire pendre votre

chenapan, — vous savez, les militaires, ça n'y va pas par quatre chemins !

— Eh bien, Crockston ?

— Eh bien, vous demanderiez à réfléchir.

— Je te le promets. »

Le jour même, au grand étonnement de l'équipage, qui n'était pas dans la confidence, Crockston, les fers aux pieds et aux mains, fut descendu à terre au milieu d'une dizaine de marins, et, une demi-heure après, sur la demande du capitaine James Playfair, le mauvais chenapan traversait les rues de la ville, et, malgré sa résistance, il se voyait écroué dans la citadelle de Charleston.

Pendant cette journée et les jours suivants, le déchargement du *Delphin* fut conduit avec une grande activité. Les grues à vapeur enlevaient sans désemparer toute la cargaison européenne pour faire place à la cargaison indigène. La population de Charleston assistait à cette intéressante opération, aidant et félicitant les matelots. On peut dire que ces braves gens tenaient le haut du pavé. Les Sudistes les avaient en grande estime ; mais James Playfair ne leur laissa pas le temps d'accepter les politesses des Américains ; il était sans cesse sur leur dos, et les pressait avec une fiévreuse activité dont les marins du *Delphin* ne soupçonnaient pas la cause.

Trois jours après, le 18 janvier, les premières balles de coton commencèrent à s'empiler dans la cale.

Bien que James ne s'en inquiétât plus, la maison Playfair et Co. faisait une excellente opération, ayant eu à vil prix tout ce coton qui encombrait les wharfs de Charleston.

Cependant, on n'avait plus aucune nouvelle de Crockston. Sans en rien dire, Jenny était en proie à des craintes incessantes. Son visage, altéré par l'inquiétude, parlait pour elle, et James Playfair la rassurait par ses bonnes paroles.

« J'ai toute confiance dans Crockston, lui disait-il. C'est un serviteur dévoué. Vous qui le connaissez mieux que moi, miss Jenny, vous devriez vous rassurer entièrement. Dans trois jours, votre père vous pressera sur son cœur, croyez-en ma parole.

— Ah! monsieur James! s'écria la jeune fille, comment pourrai-je jamais reconnaître un tel dévouement? Comment mon père et moi trouverons-nous le moyen de nous acquitter envers vous?

— Je vous le dirai quand nous serons dans les eaux anglaises! » répondit le jeune capitaine.

Jenny le regarda un instant, baissa ses yeux qui se remplirent de larmes, puis elle rentra dans sa cabine.

James Playfair espérait que, jusqu'au moment où son père serait en sûreté, la jeune fille ne saurait rien de sa terrible situation; mais pendant cette dernière journée, l'involontaire indiscrétion d'un matelot lui apprit la vérité. La réponse du cabinet de Richmond était arrivée la veille par une estafette qui avait pu forcer la ligne des avant-postes Cette réponse contenait l'arrêt de mort de Jonathan Halliburtt, et ce malheureux citoyen devait être passé le lendemain matin par les armes. La nouvelle de la prochaine exécution n'avait pas tardé à se répandre dans la ville, et elle fut apportée à bord par l'un des matelots du *Delphin*. Cet homme l'apprit à son capitaine sans se douter que miss Halliburtt était à portée de l'entendre. La jeune fille poussa un cri déchirant, et tomba sur le pont sans connaissance. James Playfair la transporta dans sa cabine, et les soins les plus assidus furent nécessaires pour la rappeler à la vie.

Quand elle rouvrit les yeux, elle aperçut le jeune capitaine, qui, un doigt sur les lèvres, lui recommandait un silence absolu. Elle eut la force de se taire, de comprimer les transports de sa douleur, et James Playfair, se penchant à son oreille, lui dit :

« Jenny, dans deux heures votre père sera en sûreté auprès de vous, ou j'aurai péri en voulant le sauver ! »

Puis il sortit de la dunette en se disant :

« Et maintenant, il faut l'enlever à tout prix, quand je devrais payer sa liberté de ma vie et de celle de tout mon équipage ! »

L'heure d'agir était arrivée. Depuis le matin, *le Delphin* avait entièrement terminé son chargement de coton; ses soutes au charbon étaient pleines. Dans deux heures, il pouvait partir. James Playfair l'avait fait sortir du *North-Commercial wharf* et conduire en pleine rade ; il était donc prêt à profiter de la marée qui devait être pleine à neuf heures du soir.

Lorsque James Playfair quitta la jeune fille, sept heures sonnaient alors, et James fit commencer ses préparatifs de départ. Jusqu'ici, le secret avait été conservé de la manière la plus absolue entre lui, Crockston et Jenny. Mais alors il jugea convenable de mettre Mr. Mathew au courant de la situation, et il le fit à l'instant même.

« A vos ordres, répondit Mr. Mathew sans faire la moindre observation. Et c'est pour neuf heures ?

— Pour neuf heures. Faites immédiatement allumer les feux, et qu'on les pousse activement.

— Cela va être fait, capitaine.

— *Le Delphin* est mouillé sur une ancre à jet. Nous couperons notre amarre, et nous filerons sans perdre une seconde.

— Parfaitement.

— Faites placer un fanal à la tête du grand mât. La nuit est obscure et le brouillard se lève. Il ne faut pas que nous courions le risque de nous égarer en revenant à bord. Vous prendrez même la précaution de faire sonner la cloche à partir de neuf heures.

— Vos ordres seront ponctuellement exécutés, capitaine.

— Et maintenant, monsieur Mathew, ajouta James

Playfair, faites armer la guigue¹ ; placez-y six de nos plus robustes rameurs. Je vais partir immédiatement pour White-Point. Je vous recommande miss Jenny pendant mon absence, et que Dieu nous protége, monsieur Mathew.

— Que Dieu nous protége ! » repondit le second.

Puis aussitôt, il donna les ordres nécessaires pour que les fourneaux fussent allumés et l'embarcation armée. En quelques minutes, celle-ci fut prête. James Playfair, après avoir dit un dernier adieu à Jenny, descendit dans sa guigue, et put voir, au moment où elle débordait, des torrents de fumée noire se perdre dans l'obscur brouillard du ciel.

Les ténèbres étaient profondes ; le vent était tombé ; un silence absolu régnait sur l'immense rade, dont les flots semblaient assoupis. Quelques lumières à peine distinctes, tremblotaient dans la brune. James Playfair avait pris la barre, et, d'une main sûre, il dirigeait son embarcation vers White-Point. C'était un trajet de deux milles à faire environ. Pendant le jour, James avait parfaitement établi ses relèvements, de telle sorte qu'il put gagner en droite ligne la pointe de Charleston.

Huit heures sonnaient à Saint-Philipp, quand la guigue heurta de son avant White-Point.

Il y avait encore une heure à attendre avant le mo-

---

1. Canot léger dont les deux bouts se terminent en pointe.

ment précis fixé par Crockston. Le quai était absolument désert. Seule, la sentinelle de la batterie du sud et de l'est se promenait à vingt pas. James Playfair dévorait les minutes. Le temps ne marchait pas au gré de son impatience.

A huit heures et demie, il entendit un bruit de pas. Il laissa ses hommes, les avirons armés, et prêts à partir, et il se porta en avant. Mais au bout de dix pas, il se rencontra avec une ronde de gardes-côtes ; une vingtaine d'hommes en tout. James tira de sa ceinture un révolver, décidé à s'en servir au besoin. Mais que pouvait-il faire contre ces soldats, qui descendirent jusqu'au quai?

Là, le chef de la ronde vint à lui , et, voyant la guigue, il demanda à James :

« Quelle est cette embarcation?

— La guigue du *Deplhin*, répondit le jeune homme.

— Et vous êtes?...

— Le capitaine James Playfair.

— Je vous croyais parti, et déjà dans les passes de Charleston.

— Je suis prêt à partir... je devrais même être en route... mais...

— Mais?... » demanda le chef des gardes-côtes en insistant.

James eut l'esprit traversé par une idée soudaine et il répondit :

« Un de mes matelots est renfermé à la citadelle et,

ma foi, j'allais l'oublier. Heureusement, j'y ai pensé lorsqu'il était temps encore, et j'ai envoyé des hommes le prendre.

— Ah! ce mauvais sujet que vous voulez ramener en Angleterre?

— Oui.

— On l'aurait aussi bien pendu ici que là-bas! dit le garde-côtes en riant de sa plaisanterie

— J'en suis persuadé, répondit James Playfair, mais il vaut mieux que les choses se passent régulièrement.

— Allons, bonne chance, capitaine, et défiez-vous des batteries de l'île Morris.

— Soyez tranquille. Puisque je suis passé sans encombre, j'espère bien sortir dans les mêmes conditions.

— Bon voyage.

— Merci. »

Sur ce, la petite troupe s'éloigna, et la grève demeura silencieuse.

En ce moment, neuf heures sonnèrent. C'était le moment fixé. James sentait son cœur battre à se rompre dans sa poitrine. Un sifflement retentit. James répondit par un sifflement semblable; puis il attendit, prêtant l'oreille, et de la main recommandant à ses matelots un silence absolu. Un homme parut enveloppé dans un large tartan, regardant de côté et d'autre. James courut à lui.

« Mr. Halliburtt ?

— C'est moi, répondit l'homme au tartan.

— Ah ! Dieu soit loué ! s'écria James Playfair. Embarquez sans perdre un instant. Où est Crockston ?

— Crockston ! fit Mr. Halliburtt d'un ton stupéfait. Que voulez-vous dire ?

— L'homme qui vous a délivré, celui qui vous a conduit ici, c'est votre serviteur Crockston.

— L'homme qui m'accompagnait est le geôlier de la citadelle, répondit Mr. Halliburtt !

— Le geôlier ! » s'écria James Playfair.

Evidemment, il n'y comprenait rien, et mille craintes l'assaillirent.

« Ah bien oui, le geôlier ! s'écria une voix connue. Le geôlier ! il dort comme une souche dans mon cachot !

— Crockston ! toi ! c'est toi ! fit Mr. Halliburtt.

— Mon maître, pas de phrases ! On vous expliquera tout. Il y va de votre vie ! Embarque, embarque. »

Les trois hommes prirent place dans l'embarcation.

« Pousse, » s'écria le capitaine.

Les six rames tombèrent à la fois dans leurs dames.

« Avant partout, » commanda James Playfair.

Et la gigue glissa comme un poisson sur les flots sombres de Charleston-Harbour.

IX

ENTRE DEUX FEUX.

La guigue, enlevée par six robustes rameurs, volait sur les eaux de la rade. Le brouillard s'épaississait, et James Playfair ne parvenait pas sans peine à se maintenir dans la ligne de ses relèvements. Crockston s'était placé à l'avant de l'embarcation, et Mr. Halliburtt à l'arrière auprès du capitaine. Le prisonnier, interdit tout d'abord de la présence de son serviteur, avait voulu lui adresser la parole ; mais celui-ci d'un geste lui recommanda le silence.

Cependant, quelques minutes plus tard, lorsque la guigue fut en pleine rade, Crockston se décida à parler. Il comprenait quelles questions devaient se presser dans l'esprit de M. Halliburtt.

« Oui, mon cher maître, dit-il, le geôlier est à ma place dans mon cachot, où je lui ai administré deux bons coups de poing, un sur la nuque et l'autre dans l'estomac, en guise de narcotique, et cela au moment où il m'apportait mon souper. Voyez quelle reconnaissance! J'ai pris ses habits, j'ai pris ses clefs, j'ai été vous chercher, je vous ai conduit hors de la citadelle, sous le nez des soldats. Ce n'était pas plus difficile que cela!

— Mais ma fille? demanda Mr. Halliburtt.

— A bord du navire qui va nous conduire en Angleterre.

— Ma fille est là, là! s'écria l'Américain en s'élançant de son banc.

— Silence! répondit Crockston. Encore quelques minutes, et nous sommes sauvés. »

L'embarcation volait au milieu des ténèbres, mais un peu au hasard. James Playfair ne pouvait apercevoir, au milieu du brouillard, les fanaux du *Delphin*. Il hésitait sur la direction à suivre, et l'obscurité était telle que les rameurs ne voyaient même pas l'extrémité de leurs avirons.

« Eh bien, monsieur James? dit Crockston.

— Nous devons avoir fait plus d'un mille et demi, répondit le capitaine. Tu ne vois rien, Crockston!

— Rien. J'ai de bons yeux pourtant. Mais bah! nous arriverons! Ils ne se doutent de rien, là-bas... »

Ces paroles n'étaient pas achevées qu'une fusée vint rayer les ténèbres et s'épanouir à une prodigieuse hauteur.

« Un signal! s'écria James Playfair.

— Diable! Et Crockston, il doit venir de la citadelle. Attendons. »

Une seconde, puis une troisième fusée s'élancèrent dans la direction de la première, et presque aussitôt, le même signal fut répété à un mille en avant de l'embarcation.

« Cela vient du fort Sumter, s'écria Crockston, et c'est le signal d'évasion. Force de rames ! Tout est découvert.

— Souquez ferme, mes amis, s'écria James Playfair, excitant ses matelots. Ces fusées-là ont éclairé ma route. *Le Delphin* n'est pas à huit cents yards [1] de nous. Tenez, j'entends la cloche du bord. Hardi ! hardi là ! Vingt livres pour vous, si nous sommes rendus dans cinq minutes ! »

Les marins enlevèrent la guigue qui semblait raser les flots. Tous les cœurs battaient. Un coup de canon venait d'éclater dans la direction de la ville, et, à vingt brasses de l'embarcation, Crockston entendit plutôt qu'il ne vit passer un corps rapide qui pouvait bien être un boulet

En ce moment la cloche du *Delphin* sonnait à toute volée. On approchait. Encore quelques coups d'aviron, et l'embarcation accosta. Encore quelques secondes, et Jenny tomba dans les bras de son père.

Aussitôt la guigue fut enlevée, et James Playfair s'élança sur la dunette.

« Monsieur Mathew, nous sommes en pression ?

— Oui, capitaine.

1. Environ 700 mètres.

— Faites couper l'amarre, et à toute vapeur. »

Quelques instants après, les deux hélices poussaient le steamer vers la passe principale, en l'écartant du fort Sumter.

« Monsieur Mathew, dit James, nous ne pouvons songer à prendre les passes de l'île Sullivan; nous tomberions directement sous les feux des Confédérés. Rangeons d'aussi près que possible la droite de la rade, quitte à recevoir la bordée des batteries fédérales. Vous avez un homme sûr à la barre?

— Oui, capitaine.

— Faites éteindre vos fanaux et les feux du bord. C'est déjà trop, beaucoup trop, des reflets de la machine; mais on ne peut les empêcher. »

Pendant cette conversation, *le Delphin* marchait avec une extrême rapidité; mais en évoluant pour gagner la droite de Charleston-Harbour, il avait été forcé de suivre un chenal qui le rapprochait momentanément du fort Sumter, et il ne s'en trouvait pas à un demi-mille, quand les embrasures du fort s'illuminèrent toutes à la fois, et un ouragan de fer passa en avant du steamer avec une épouvantable détonation.

« Trop tôt, maladroits! s'écria James Playfair, en éclatant de rire. Forcez! forcez! monsieur l'ingénieur! Il faut que nous filions entre deux bordées! »

Les chauffeurs activaient les fourneaux, et *le Delphin* frémissait dans toutes les parties de sa membrure sous les efforts de la machine, comme s'il eût été sur le point de se disloquer.

En ce moment, une seconde détonation se fit entendre, et une nouvelle grêle de projectiles siffla à l'arrière du steamer.

« Trop tard, imbéciles ! » s'écria le jeune capitaine avec un véritable rugissement.

Alors Crockston était sur la dunette, et il s'écria :

« Un de passé. Encore quelques minutes, et nous en aurons fini avec les Confédérés.

— Alors, tu crois que nous n'avons plus rien à craindre du fort Sumter ? demanda James.

— Non, rien, et tout du fort Moultrie, à l'extrémité de l'île Sullivan ; mais celui-là ne pourra nous pincer que pendant une demi-minute. Qu'il choisisse donc bien son moment et vise juste, s'il veut nous atteindre. Nous approchons.

— Bien ! La position du fort Moultrie nous permettra de donner droit dans le chenal principal. Feu donc ! feu ! »

Au même instant, et comme si James Playfair eût commandé le feu lui-même, le fort s'illumina d'une triple ligne d'éclairs. Un fracas épouvantable se fit entendre, puis des craquements se produisirent à bord du steamer.

« Touchés, cette fois ! fit Crockston.

— Monsieur Mathew, cria le capitaine à son second qui était posté à l'avant, qu'y a-t-il ?

— Le bout-hors de beaupré à la mer.

— Avons-nous des blessés ?

— Non, capitaine.

— Eh bien, au diable la mâture! Droit dans la passe! droit! et gouvernez sur l'île.

— Enfoncés les Sudistes! s'écria Crockston, et s'il faut recevoir des boulets dans notre carcasse, j'aime encore mieux les boulets du Nord. Ça se digère mieux! »

En effet, tout danger n'était pas évité, et *le Delphin* ne pouvait se considérer comme étant tiré d'affaire; car, si l'île Morris n'était pas armée de ces pièces redoutables qui furent établies quelques mois plus tard, néanmoins ses canons et ses mortiers pouvaient facilement couler un navire comme *le Delphin*.

L'éveil avait été donné aux fédéraux de l'île et aux navires du blocus par les feux des forts Sumter et Moultrie. Les assiégeants ne pouvaient rien comprendre à cette attaque de nuit; elle ne semblait pas dirigée contre eux; cependant, ils devaient se tenir et se tenaient prêts à répondre.

C'est à quoi réfléchissait James Playfair en s'avançant dans les passes de l'île Morris, et il avait raison de craindre, car, au bout d'un quart d'heure, les ténèbres furent sillonnées de lumières; une pluie de petites bombes tomba autour du steamer en faisant jaillir l'eau jusqu'au-dessus de ses bastingages; quelques-unes même vinrent frapper le pont du *Delphin*, mais par leur base, ce qui sauva le navire d'une perte certaine. En effet, ces bombes, ainsi qu'on l'apprit plus tard, devaient éclater en cent fragments et couvrir chacune une superficie de cent vingt pieds carrés d'un feu grégeois que rien ne pouvait éteindre et qui brûlait pendant vingt minutes. Une seule de ces bombes pouvait incendier un navire. Heureusement pour *le Delphin*, elles étaient de nouvelle invention et encore fort imparfaites; une fois lancées dans les airs, un faux mouvement de rotation les maintenait inclinées, et, au moment de leur chute, elles tombaient sur la base au lieu de frapper avec leur pointe, où se trouvait l'appareil de percussion. Ce vice de construction sauva seul *le Delphin* d'une perte certaine; la chute de ces bombes peu pesantes ne lui causa pas grand mal, et, sous la pression de sa vapeur surchauffée, il continua de s'avancer dans la passe.

En ce moment et malgré ses ordres, Mr. Halliburtt et sa fille rejoignirent James Playfair sur la dunette. Celui-ci voulut les obliger à rentrer dans leur cabine, mais Jenny déclara qu'elle resterait auprès du capitaine.

Quant à Mr. Halliburtt, qui venait d'apprendre toute la noble conduite de son sauveur, il lui serra la main sans pouvoir prononcer une parole.

Le Delphin avançait alors avec une grande rapidité vers la pleine mer; il lui suffisait de suivre la passe pendant trois milles encore pour se trouver dans les eaux de l'Atlantique; si la passe était libre à son entrée, il était sauvé. James Playfair connaissait merveilleusement tous les secrets de la baie de Charleston, et il manœuvrait son navire dans les ténèbres avec une incomparable sûreté. Il avait donc tout lieu de croire au succès de sa marche audacieuse, quand un matelot du gaillard d'avant s'écria:

« Un navire!

— Un navire? s'écria James.

— Oui, par notre hanche de bâbord. »

Le brouillard qui s'était levé permettait alors d'apercevoir une grande frégate qui manœuvrait pour fermer la passe et faire obstacle au passage du *Delphin*. Il fallait à tout prix la gagner de vitesse, et demander à la machine du steamer un surcroît d'impulsion, sinon tout était perdu.

« La barre à tribord! toute! » cria le capitaine.

Puis, il s'élança sur la passerelle jetée au-dessus de la machine. Par ses ordres, une des hélices fut enrayée, et sous l'action d'une seule, *le Delphin* évolua avec une rapidité merveilleuse dans un cercle d'un très-court rayon, et comme s'il eût tourné sur lui-même. Il avait évité ainsi de courir sur la frégate fédérale, et il s'avança comme elle vers l'entrée de la passe. C'était maintenant une question de rapidité.

James Playfair comprit que son salut était là, celui de miss Jenny et de son père, celui de tout son équipage. La frégate avait une avance assez considérable sur *le Delphin*. On voyait, aux torrents de fumée noire qui s'échappaient de sa cheminée, qu'elle forçait ses feux. James Playfair n'était pas homme à rester en arrière.

« Où en êtes-vous ? cria-t-il à l'ingénieur.

— Au maximum de pression, répondit celui-ci, la vapeur fuit par toutes les soupapes.

— Chargez les soupapes, » commanda le capitaine

Et ses ordres furent exécutés au risque de faire sauter le bâtiment.

Le Delphin se prit encore à marcher plus vite ; les coups de piston se succédaient avec une épouvantable précipitation ; toutes les plaques de fondation de la machine tremblaient sous ces coups précipités, et c'était un spectacle à faire frémir les cœurs les plus aguerris.

« Forcez ! criait James Playfair, forcez toujours !

— Impossible ! répondit bientôt l'ingénieur, les soupapes sont hermétiquement fermées. Nos fourneaux sont pleins jusqu'à la gueule.

— Qu'importe ! Bourrez-les de coton imprégné d'esprit-de-vin ! Il faut passer à tout prix et devancer cette maudite frégate ! »

A ces paroles, les plus intrépides matelots se regardèrent, mais on n'hésita pas. Quelques balles de coton furent jetées dans la chambre de la machine. Un baril d'esprit-de-vin fut défoncé, et cette matière combustible fut introduite, non sans danger, dans les foyers incandescents. Le rugissement des flammes ne permettait plus aux chauffeurs de s'entendre. Bientôt les plaques des fourneaux rougirent à blanc; les pistons allaient et venaient comme des pistons de locomotive; les manomètres indiquaient une tension épouvantable; le steamer volait sur les flots; ses jointures craquaient; sa cheminée lançait des torrents de flammes mêlés à des tourbillons de fumée; il était pris d'une vitesse effrayante, insensée, mais aussi il gagnait sur la frégate, il la dépassait, il la distançait, et après dix minutes, il était hors du chenal.

« Sauvés! s'écria le capitaine.

— Sauvés! » répondit l'équipage en battant des mains.

Déjà le phare de Charleston commençait à disparaître dans le sud-ouest; l'éclat de ses feux pâlissait, et l'on pouvait se croire hors de tout danger, quand une bombe, partie d'une canonnière qui croisait au large, s'élança en sifflant dans les ténèbres. Il était facile de suivre sa trace, grâce à la fusée qui laissait derrière elle une ligne de feu.

Ce fut un moment d'anxiété impossible à peindre; chacun se taisait, et chacun regardait d'un œil effaré la parabole décrite par le projectile; on ne pouvait rien faire pour l'éviter, et après une demi-minute, il tomba avec un bruit effroyable sur l'avant du *Delphin*.

Les marins, épouvantés, refluèrent à l'arrière, et personne n'osa faire un pas, pendant que la fusée brûlait avec un vif crépitement.

Mais un seul, brave entre tous, courut à ce formidable engin de destruction. Ce fut Crockston. Il prit la bombe dans ses bras vigoureux, tandis que des milliers d'étincelles s'échappaient de sa fusée; puis, par un effort surhumain, il la précipita par-dessus le bord.

La bombe avait à peine atteint la surface de l'eau, qu'une détonation épouvantable éclata.

« Hurrah! hurrah! » s'écria d'une seule voix tout l'équipage du *Delphin*, tandis que Crockston se frottait les mains.

Quelque temps après, le steamer fendait rapidement les eaux de l'océan Atlantique; la côte américaine disparaissait dans les ténèbres, et les feux lointains qui se croisaient à l'horizon indiquaient que l'attaque était générale entre les batteries de l'île Morris et les forts de Charleston Harbour.

X

SAINT-MUNGO.

Le lendemain, au lever du soleil, la côte américaine avait disparu. Pas un navire n'était visible à l'horizon, et *le Delphin*, modérant la vitesse effrayante de sa marche, se dirigea plus tranquillement vers les Bermudes.

Ce que fut la traversée de l'Atlantique, il est inutile de la raconter. Nul incident ne marqua le voyage de retour, et dix jours après son départ de Charleston, on eut connaissance des côtes d'Irlande.

Que se passa-t-il entre le jeune capitaine et la jeune fille qui ne soit prévu, même des gens les moins perspicaces ? Comment Mr. Halliburtt pouvait-il reconnaître le dévouement et le courage de son sauveur, si ce n'est en le rendant le plus heureux des hommes ? James Playfair n'avait pas attendu les eaux anglaises pour déclarer au père et à la jeune fille les sentiments qui débordaient de son cœur, et s'il faut en croire Crockston, miss Jenny reçut cet aveu avec un bonheur qu'elle ne chercha pas à dissimuler.

Il arriva donc que, le 14 février de la présente année, une foule nombreuse était réunie sous les lourdes voûtes de Saint-Mungo, la vieille cathédrale de Glasgow. Il y avait là des marins, des négociants, des industriels, des magistrats, un peu de tout. Le brave Crockston servait de témoin à miss Jenny vêtue en mariée, et le digne homme resplendissait dans un habit vert-pomme à boutons d'or. L'oncle Vincent se tenait fièrement près de son neveu.

Bref, on célébrait le mariage de James Playfair, de la maison Vincent Playfair et Co., de Glasgow, avec miss Jenny Hallyburtt, de Boston.

La cérémonie fut accomplie avec une grande pompe. Chacun connaissait l'histoire du *Delphin*, et chacun trouvait justement récompensé le dévouement du jeune capitaine. Lui seul se disait payé au delà de son mérite.

Le soir, grande fête chez l'oncle Vincent, grand repas, grand bal, et grande distribution de shillings à la foule réunie dans Gordon-street. Pendant ce mémorable festin, Crookston, tout en se maintenant dans de justes limites, fit des prodiges de voracité.

Chacun était heureux de ce mariage, les uns de leur propre bonheur, les autres de celui des autres, — ce qui n'arrive pas toujours dans les cérémonies de ce genre.

Le soir, quand la foule des invités se fut retirée, James Playfair alla embrasser son oncle sur les deux joues.

« Eh bien, oncle Vincent? lui dit-il.

— Eh bien, neveu James?

— Êtes-vous content de la charmante cargaison que j'ai rapportée à bord du *Delphin*? reprit le capitaine Playfair en montrant sa vaillante jeune femme.

— Je le crois bien ! répondit le digne négociant. J'ai vendu mes cotons à trois cent soixante-quinze pour cent de bénéfice ! »

FIN DES FORCEURS DE BLOCUS.

TABLE

UNE VILLE FLOTTANTE		1
LES FORCEURS DE BLOCUS		199
I.	Le Delphin	199
II.	L'appareillage	208
III.	En mer	217
IV.	Les malices de Crockston	228
V.	Les boulets de *l'Iroquois* et les arguments de miss Jenny	238
VI.	Le chenal de l'île Sullivan	248
VII.	Un général sudiste	257
VIII.	L'évasion	265
IX.	Entre deux feux	278
X.	Saint-Mungo	288

FIN DE LA TABLE

Paris. — Typographie Lahure, rue de Fleurus, 9.

www.ingramcontent.com/pod-product-compliance
Lightning Source LLC
Chambersburg PA
CBHW070753170426
43200CB00007B/763